FRANS VAN DUIJN

LIONEL MESSI

IN EINFACHER SPRACHE

Spaß am Lesen Verlag GmbH
einfachebuecher.de

Diese Ausgabe ist eine Bearbeitung des Buches *Lionel Messi* von Frans van Duijn. Dieses Buch ist eine nicht autorisierte Veröffentlichung. Es wurde ohne die Mitarbeit von Lionel Messi und seinem Management produziert.

Text: Frans van Duijn
Deutsche Übersetzung und Redaktion: Spaß am Lesen Verlag
Redaktion und Layout: Eenvoudig Communiceren
Bilder:
© Shutterstock
© Ahmed Masum (S. 16)
© ANP (S. 8, 30, 34, 36, 48, 52, 54, 60, 64, 66, 71)

ISBN 978-3-910531-09-3

FRANS VAN DUIJN

LIONEL MESSI

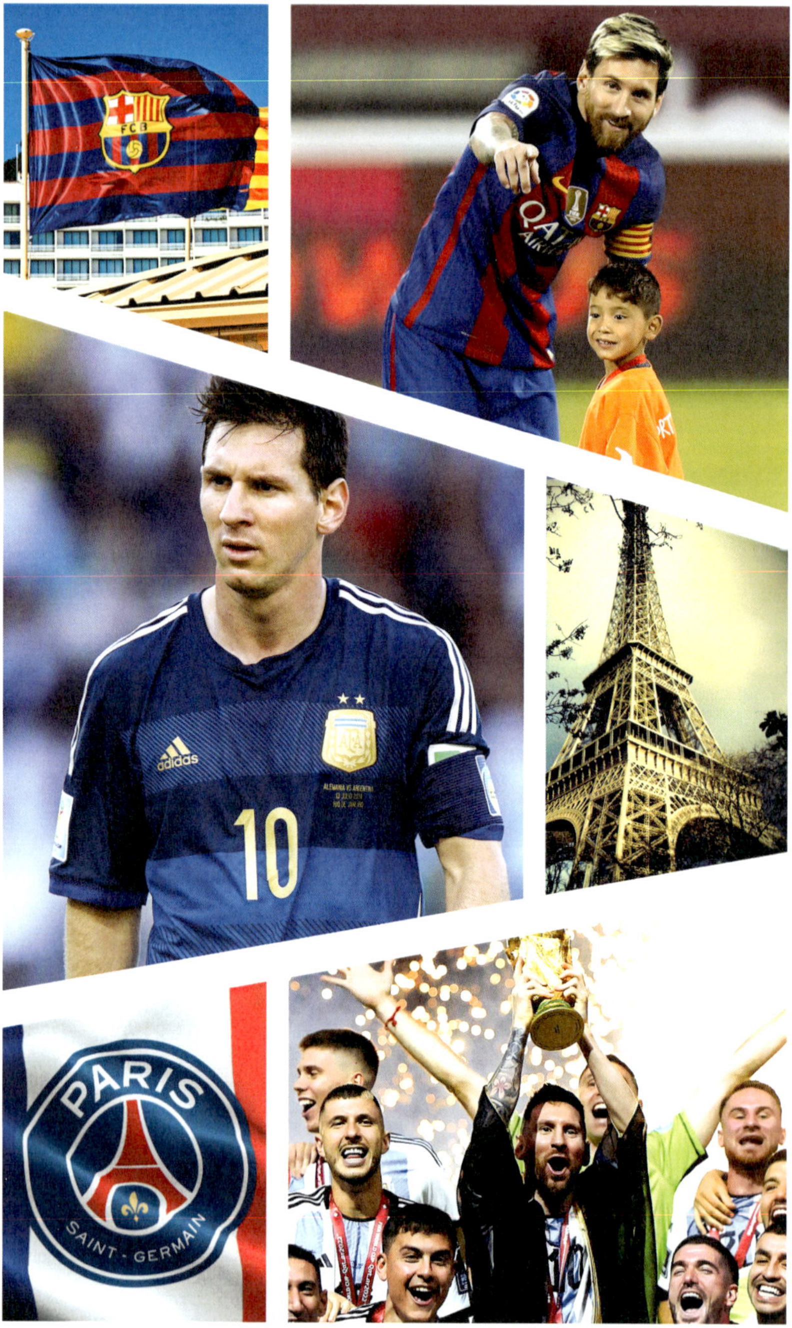
FCB
adidas
10
PARIS
SAINT - GERMAIN

Inhalt

Über dieses Buch

Lionel Messi ist einer der besten Fußballer der Welt. Viele Jahre lang war er der Star des Spitzenclubs FC Barcelona. Jetzt spielt er bei Paris Saint Germain. Er ist berühmt für seine Dribblings und wunderbaren Tore.

Messi ist auch mit der argentinischen Nationalmannschaft erfolgreich.
Als Kapitän führte er sein Land sogar zum Weltmeistertitel 2022. Doch das war nicht einfach.

Messi erlebt auf dem Weg viele Enttäuschungen und muss für seinen Erfolg kämpfen.
Wie er am Ende doch noch die Weltmeisterschaft gewinnt, lesen Sie in diesem Buch.

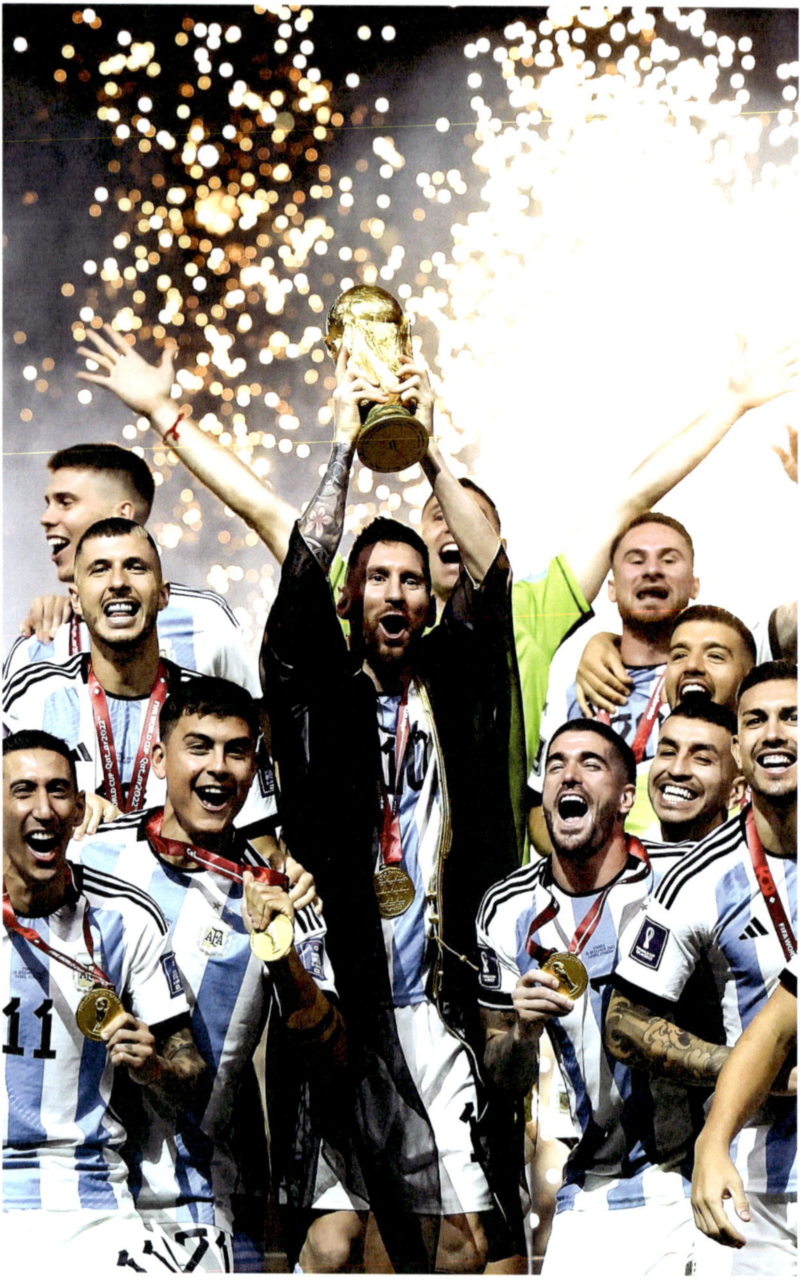

18. Dezember 2022: Messi und sein Team feiern den WM-Sieg in Katar.

Endlich Weltmeister!

Es ist der 18. Dezember 2022, halb sechs Uhr abends.
Auf den Tribünen des Stadions in Katar sitzen Tausende von Argentiniern. Ständig rufen sie einen Namen: Messi! Messi! Messi! Lionel Messi und die anderen Spieler wärmen sich gerade für das Spiel auf. Für das Finale der Fußballweltmeisterschaft: Argentinien gegen Frankreich. Es ist die letzte Chance für Messi, Weltmeister zu werden. Immerhin ist er schon 35 Jahre alt. Bei vier vorangegangenen Weltmeisterschaften ging es schief. Jetzt muss es gelingen!

Um sechs Uhr beginnt das Spiel. Argentinien geht sofort in die Offensive. Nicht nur Messi ist gefährlich für die Franzosen, sondern auch Angel di Maria! In der 22. Minute dribbelt Di Maria in den französischen Strafraum. Er wird von hinten gestoßen und kommt zu Fall. Elfmeter! Natürlich schießt Messi ihn. Während er anläuft, hält er kurz inne. Er wartet ab, in welche Richtung der Torwart geht. Und dann schießt er genau in die andere Ecke: 1:0!

Die Argentinier sind stärker als die Franzosen und spielen auch einen schöneren Fußball.

In der 36. Minute bekommt Messi den Ball auf Höhe der Mittellinie. Dort spielt er einen klugen Pass zu dem Stürmer Alvarez.
Dann kommt der Ball zu Di Maria, der frei vor dem Torhüter steht: 2:0! Wenige Augenblicke später pfeift der Schiedsrichter zur Halbzeitpause. Die argentinischen Fans singen fröhliche Lieder. Jetzt kann schließlich nichts mehr schiefgehen, oder?

Auch nach der Halbzeitpause haben die Franzosen keine einzige Chance. Bis zur 80. Minute. Dann bekommen die Franzosen einen Elfmeter zugesprochen. Frankreichs Starspieler Mbappé schießt - es steht 2:1. Jetzt wird Argentinien plötzlich nervös. Und was passiert? Nach einem Ballverlust von Messi schießt Mbappé das 2:2! Jetzt singen die Argentinier keine fröhlichen Lieder mehr. Im Stadion hört man jetzt vor allem die französischen Fans. Dann pfeift der Schiri ab. Die 90 Minuten sind um. Das Spiel geht in die Verlängerung.

Nach einer kurzen Pause pfeift der Schiedsrichter, und die Spieler legen wieder los! In der 108. Minute boxt der französische Torhüter den Ball aus seinem Tor. Direkt vor die Füße von Messi. Und der trifft: 3:2! Die Zeit läuft ab.

Aber dann bekommt Frankreich noch einen Elfmeter. Mbappé trifft: 3:3! Kurz vor Schluss verpassen die Franzosen noch eine Riesenchance. Was für ein spannendes Finale! Nach der Verlängerung steht es immer noch 3:3. Jetzt kommt es zum Elfmeterschießen. Beide Mannschaften dürfen fünf Elfmeter schießen. Wer die meisten Tore schießt, gewinnt die Weltmeisterschaft. Messi und Mbappé treffen beide ins Tor. Zwei Franzosen schießen vorbei. Jetzt steht es 3:2 für Argentinien.

Und nun wird es richtig spannend. Denn der Argentinier Montiel läuft zum Elfmeterpunkt für den entscheidenden Strafstoß. Wenn er trifft, steht es 4:2 und die Franzosen können Argentinien nicht mehr überholen. Aber wenn er vorbeischießt, bekommt Frankreich eine weitere Chance. Montiel kann also sein Land zum Weltmeister machen. Er nimmt Anlauf ... und schießt den Ball ins Tor. Argentinien ist Weltmeister!
„Messi! Messi!", tönt es überall. Der Kapitän wird von seinen Mannschaftskameraden umarmt. Und Augenblicke später küsst er den goldenen Weltpokal.

Nach der Party auf dem Spielfeld fahren die Gewinner in ihr Hotel. Vom Stadion aus fahren sie in einem offenen Bus. Tausende von Argentiniern feuern sie an.

In dieser Nacht postet Messi ein Bild auf Instagram: der Weltmeisterpokal auf seinem Nachttisch in seinem Hotelzimmer! Er schreibt dazu: „Ich habe so oft davon geträumt. Ich wollte das so sehr. Ich kann nicht glauben, dass dieser Traum Wirklichkeit geworden ist.“

Aber es ist real. Genauso real wie alles, was vor dieser Weltmeisterschaft geschah. In diesem Buch lesen Sie, wie Lionel Messi zum besten Fußballer der Welt wurde.

1

Messi als 5-jähriger Fußballer

Am 24. Juni 1987 wird Lionel Messi in
Rosario geboren, einer großen Stadt in Argentinien.
Lionel, der Leo genannt wird, hat zwei ältere
Brüder: Rodrigo und Matias.
Leo hat auch eine Schwester, Maria.
Beide Eltern müssen hart arbeiten. Aber zum Glück
ist die Großmutter in der Nähe. Sie hilft bei der
Erziehung der vier Kinder.

Die Familie Messi liebt den Fußball. Vater Jorge hat als Amateur Fußball gespielt. Rodrigo und Matias spielen Fußball beim FC Grandoli, einem Verein, der in ihrer Nähe ist.
Auf der Straße kicken die Brüder mit Leo zusammen häufig einen Ball hin und her. Der kleine Kerl spielt gut Fußball und ist verrückt danach. Und wenn er ein Spiel verliert, weint er vor Wut und Frustration.

Die Großmutter bringt Rodrigo und Matias jeden Dienstag und Donnerstag zum Fußballtraining.
Sonntags ist die ganze Familie im Fußballverein.
Wenn Leo fünf Jahre alt ist,
will er auch Mitglied beim FC Grandoli werden.

Zusammen mit seiner Oma geht er zum Jugendtrainer.
„Leo kann noch nicht mitspielen, weil er viel zu klein ist", sagt der Jugendtrainer. „Die anderen werden ihn einfach umtreten."
Das macht die Oma wütend: „Leo ist sehr gut", sagt sie grimmig. „Lass ihn einfach mal mitspielen, dann wirst du es sehen. Und wenn sie ihn treten, wird er sogar noch mehr Tore schießen!"

Der Jugendtrainer stimmt zu. Er lässt Leo bei einem Spiel mitmachen und ist sehr überrascht. Leo spielt besser als alle anderen und dann schießt er ein wunderschönes Tor! Danach strahlt er über beide Ohren. Genau wie seine Oma. „Gut gemacht, Leo!", ruft sie. „Zeig ihnen, was du kannst!"

Ein paar Wochen später gewinnt der 5-jährige Leo sein erstes Fußballturnier. Er ist der beste Spieler des Turniers. Der Jugendtrainer ist sehr zufrieden mit ihm. Er denkt sich schöne Belohnungen für sein Team aus. Für jedes Tor bekommen die Spieler einen Keks. Für Kopfballtore gibt es sogar zwei Kekse.
Und was macht Leo? Wenn er am Torwart vorbeigelaufen ist, bleibt er vor der Linie stehen. Dann kickt er den Ball hoch und köpft ihn ins Tor. Zwei Kekse für Leo!

In der Schule ist Leo sehr schüchtern.
Der kleine Junge traut sich kaum, etwas zu sagen. Die Lehrerin meint, Leo sollte einen Psychologen aufsuchen. Damit er mehr Selbstvertrauen bekommt. Aber seine Mutter will das nicht. Sie ist wütend auf die Lehrerin. Und am nächsten Tag bringt sie Leos großen Fußballpokal mit in die Klasse. „Sehen Sie mal", sagt sie stolz zur Lehrerin. „Den hat Leo beim Fußball gewonnen."

Argentinien: fußballverrückt

In Argentinien ist der Fußball sehr wichtig. Vielleicht, weil es in dem Land viel Armut gibt. Der Fußball lässt arme Menschen ihr Elend für eine Weile vergessen. Viele Argentinier sind sogar „fußballverrückt". Diego Maradona ist für sie ein „Gott" und Messi ein „Prophet". Man sagt, Buenos Aires sei eine „heilige Stadt", weil dort der große Fußballverein Boca Juniors sitzt.
In Argentinien macht der Fußball die Menschen glücklich, aber auch sehr traurig. Wenn die argentinische Mannschaft verliert, leidet das ganze Land. Oft gibt es dann auch viel Gewalt. Aber wenn Argentinien gewinnt, sind die Menschen stolz und feiern.

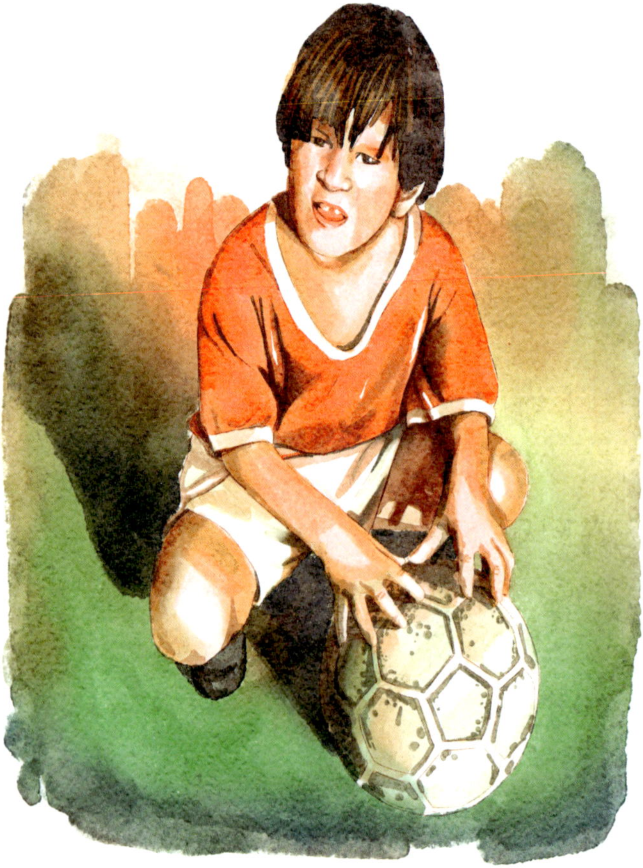

Zeichnung von dem 5-jährigen Messi.

2

Leo! Leo! Leo!

Im Jahr 1994 wechselt der 7-jährige Messi zu einem anderen Fußballverein, den Newell's Old Boys. Dieser Verein befindet sich ebenfalls in Rosario. Auch hier ist Leo sowohl der kleinste als auch der beste Spieler in seinem Team. Wenn er den Ball hat, dribbelt er an allen vorbei. Er schießt viele Tore. Und auch hier ermutigt ihn seine Oma. In seinem neuen Verein trägt er den Spitznamen „La Pulga". Das bedeutet „der Floh". Weil Messi so klein und schnell ist wie ein Floh.

Leo spielt auf der linken Seite, aber er kann auch mit rechts punkten. Und mit dem Kopf. Leo Messi kann wirklich alles: lupfen, clevere Pässe, knallharte Schüsse. Seine Mitspieler sind froh, dass er da ist. Denn dank ihm gewinnen sie alle ihre Spiele. Nach jedem Tor rufen sie: „Leo! Leo! Leo!"

Als Leo 9 Jahre alt ist, passiert etwas Ungewöhnliches. Vor dem Meisterschaftsspiel taucht er nicht beim Club auf. So etwas hat es noch nie gegeben. Der Trainer ruft bei Messi zu Hause an. Keiner geht ans Telefon. Also beginnt das Spiel ohne den Floh. Bald liegt sein Team 0:2 zurück. Seine Mitspieler sind verzweifelt.

Die Gewinner des Turniers bekommen alle ein brandneues Fahrrad. Wo ist Leo?

Leo hat sich versehentlich im Badezimmer eingeschlossen.
„Hallo!", ruft er. „Papa? Mama?"
Niemand ist zuhause. Was nun? Das Spiel wird ohne ihn anfangen. Eine Zeit lang ist Leo in Panik. Dann hat er eine Idee. Er wickelt ein Handtuch um seine Hand und zerschlägt das Fenster. Er springt raus und macht sich auf den Weg zum Stadion.
Dort pfeift der Schiedsrichter gerade zur Halbzeitpause. In der Kabine erzählt Leo allen von seinem Abenteuer. „Leo, du gehst in den Sturm", sagt der Trainer.
In der zweiten Halbzeit schießt Leos Mannschaft drei Tore. Endstand: 3:2.

Die Cola in der Kantine schmeckt an diesem Tag besonders lecker. Denn alle Spieler gehen mit einem schönen neuen Fahrrad nach Hause.
Der Trainer der Mannschaft kann Messi nichts mehr beibringen. Der Junge ist technisch sehr gut und hat einen starken Willen. Leo Messi bleibt jedoch klein. Er wächst einfach nicht.

Nicht nur der Trainer ist beunruhigt, auch Leos Eltern machen sich Sorgen. Am 31. Januar 1997 gehen sie mit ihm zu einer Untersuchung ins Krankenhaus.
Der Arzt sagt: „Leo hat eine Wachstumsstörung. Er wird unter 1,50 m bleiben, wenn er keine Wachstumshormone bekommt".
„Was sind Wachstumshormone?", fragt Jorge Messi.

„Das sind Proteine", sagt der Arzt. „Die werden von einer Drüse im Gehirn hergestellt. Aber bei Leo funktioniert das nicht so gut. Deshalb braucht er künstliche Wachstumshormone, die in einem Labor hergestellt werden."
„Und was kostet eine solche Behandlung?", fragt Jorge Messi.
Die Antwort erschreckt ihn sehr, denn der Arzt sagt: „Leo braucht sechs Jahre lang jeden Tag Injektionen. Die Behandlung kostet 12.000 Dollar pro Jahr."

Die Versicherung zahlt davon nur einen kleinen Teil. Das meiste muss die Familie Messi selbst bezahlen. Dafür müssen sie sich Geld leihen. Was für ein Elend! Und dann stirbt auch noch Leos Oma. Leo trifft das sehr hart. Seine Oma war sein größter Fan.

„Oma ist jetzt im Himmel, Leo", sagt seine Mutter. „Es geht ihr dort sehr gut und sie passt auf dich auf."

Von da an ist Leo sehr religiös. Nach jedem Tor zeigt er nach oben in den Himmel. Zu Gott und zu seiner Oma.

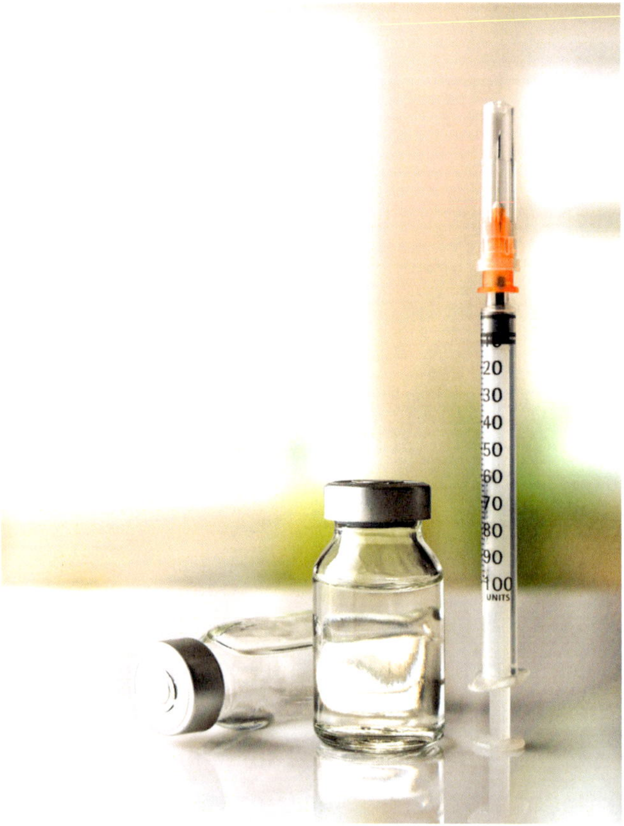

Die Wachstumshormone für Leo sind sehr teuer.

3

Teure Wachstumshormone

Leo Messi ist in Rosario berühmt geworden. Weil er jede Saison bis zu 100 Tore schießt. Im Jahr 2000 schreiben mehr und mehr Zeitungen über ihn und führen Interviews mit ihm. In seinem ersten Interview spricht der damals 13-jährige Leo über seine Großmutter. Sie hat immer an sein Talent geglaubt. Ja, sie hat ihn „entdeckt". Und ihr Tod ist das Schlimmste, was er bis jetzt erlebt hat. Leo vermisst sie immer noch.

Aus ganz Argentinien kommen Talent-Scouts von Profivereinen, um Leo zu beobachten. Manchmal sind es bis zu zehn Personen, die Leo bei einem Spiel beobachten. Die Scouts rufen Leos Vater an und fragen ihn:
„Kann Leo nicht zu uns in die Jugendakademie kommen und bei uns Fußball spielen?"

„Natürlich!", antwortet Jorge Messi dann.
„Aber dann müsst ihr die Behandlung von Leo mit Wachstumshormonen bezahlen."
Aber kein Profiverein will das. Denn sie halten das Risiko für zu groß. Was, wenn die teuren Hormone nicht helfen? Was ist, wenn Leo klein bleibt oder davon krank wird?

Jorge Messi ist besorgt und traurig. Was soll er tun? Sein jüngster Sohn ist ein Supertalent.
Leo will nichts mehr als Fußball spielen, er will Profifußballer werden. Aber das geht nicht ohne das Geld für Wachstumshormone. Muss Jorge sich nochmal Geld leihen?

Dann denkt er an einen Cousin, der in Spanien lebt. Dieser Cousin hat einen guten
Kontakt zum Fußballverein FC Barcelona. Kann Leo vielleicht ein Testspiel für diesen Verein spielen?

Ja, der Cousin kann das arrangieren. Aber das geht natürlich nicht einfach so. Zuerst müssen Leo und sein Vater ein Video von seinem fußballerischen Können aufnehmen. Jorge schnappt sich seine Kamera und Leo nimmt eine Orange aus der Obstschale.

Und dann hält der kleine Junge die Orange 97 Mal mit dem Fuß in der Luft. Danach nimmt er einen Tennisball und hält in 130 Mal in Luft. Mit dem linken Fuß, dem rechten Fuß, der Schulter und dem Kopf. Die Orange und der Tennisball dürfen den Boden nicht berühren.

Das Video wird mit der Post an den FC Barcelona geschickt. Ein paar Tage später sehen sich die Jugendtrainer des Vereins den Clip an. Unmittelbar danach rufen sie Jorge Messi an. „Komm sofort mit deinem Sohn zu uns. Leo ist ein großes Talent."

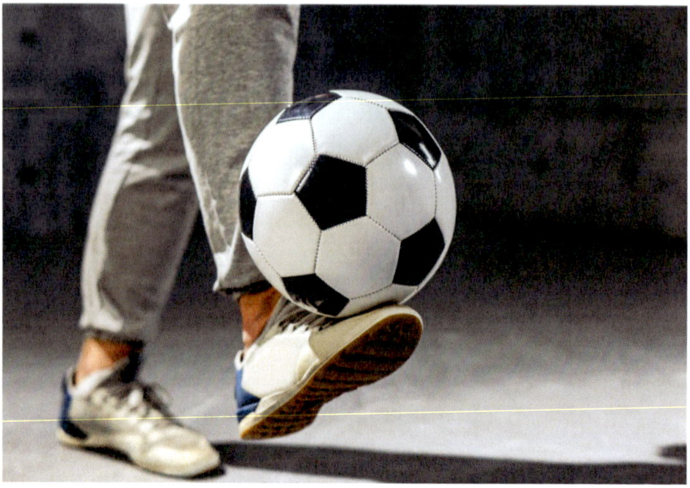

Ball hochhalten

Den Ball hoch zu halten erfordert eine Menge Technik, besonders wenn Sie es genauso gut wie Messi machen wollen. Dann sollten Sie nicht nur mit den Füßen trainieren, sondern auch mit den Knien, dem Kopf und der Brust.

Besonders im Training und beim Aufwärmen hält Messi den Ball gerne hoch, oft zusammen mit anderen Spielern. Viele Fans kommen am Spieltag so früh wie möglich ins Camp Nou, das Stadion des FC Barcelona.
Dort können sie Messis Ballspiel mit Dani Alves genießen. Die beiden Ballzauberer stehen bis zu 30 Meter voneinander entfernt und lassen den Ball minutenlang nicht den Boden berühren.

4

Nach Barcelona

Natürlich ist Leo Messi glücklich über die Einladung vom FC Barcelona. Aber er ist auch traurig. Denn zum ersten Mal lässt er seine Familie zurück: seine Brüder, seine Schwester und seine Mutter fliegen nicht mit nach Spanien.

Sein Vater kommt mit, ebenso wie Herr Soldini. Herr Soldini versteht etwas vom Geschäft, was notwendig ist, wenn man einen Profivertrag abschließt.
Wenn der Vertrag zustande kommt, wird Leo für lange Zeit in Spanien bleiben müssen. Wird seine Familie dann auch nach Spanien ziehen?
Leo hofft es ...

Am 16. September 2000 ist es dann soweit. Leo fliegt zum ersten Mal, und zwar nach Europa. Während des Fluges nach Spanien ist er nicht nervös, sondern sehr zuversichtlich. Schließlich kann er Fußball spielen wie die Besten der Besten. Er muss nur noch wachsen und stärker und größer werden. Damit er zum Beispiel Kopf-an-Kopf-Duelle gewinnen kann.

Bei der Ankunft werden Leo und sein Vater vom FC Barcelona herzlich empfangen.
Zunächst können sie sich im Hotel eine Zeit lang von ihrer Reise erholen. Am nächsten Tag sprechen sie mit den Jugendtrainern. Anschließend hat Leo das erste Probetraining mit ein paar anderen jungen Talenten.

Dann kommt das Wichtigste von allem: das Probespiel. Dort muss Leo zeigen, was er kann. Denn der Trainer der ersten Mannschaft vom FC Barcelona, Carles Rexach, kommt zum Zuschauen. Am Ende trifft er die wichtigen Entscheidungen. Während des Testspiels ist Leo Messi in Form. Er schießt fünf Tore, liefert Assists und ist mit den Ball sehr schnell am Fuß. Aber Rexach ist nicht da. Hat er Messi vergessen?

Eine Weile später lädt Rexach Messi dann doch noch zu einer Trainingseinheit ein. Dort lässt er ihn gegen zwei Jahre ältere Jungen Fußball spielen. Der Trainer sieht sofort, dass Leo ein großes Talent ist. Schnell geht er zu seinem Chef, dem Vorsitzenden des Vereins Joan Gaspart.
„Leo Messi müssen wir haben", sagt Rexach.

Aber der Präsident will den argentinischen Jungen nicht unter Vertrag nehmen. Denn dann müsste der FC Barcelona einen Job für seinen Vater organisieren. Und ein Haus für die Familie Messi. Und dann ist da noch diese teure Hormonbehandlung.
Ist der Junge das alles wirklich wert?
Aber Rexach bleibt hartnäckig. Er ruft den Vorsitzenden immer wieder an. Und dann ändert der plötzlich seine Meinung. Von überall hört er jetzt nämlich: den Lionel Messi musst du schnell unter Vertrag nehmen. Sonst geht er bald zu Real Madrid und dann ist er weg.

Leo bekommt also doch einen Vertrag. Er und sein Vater sind sehr glücklich. Sie fliegen zurück nach Rosario, um Weihnachten zu feiern. Und um zu besprechen, wie es weitergehen soll. Denn es gibt viele schwierige Fragen. Soll Jorge im Stahlwerk kündigen? Wird die ganze Familie Messi bald nach Barcelona umziehen?

Und tatsächlich, im Februar 2001 zieht die ganze Familie Messi nach Barcelona. Zunächst wohnen sie in einem Hotel.
Aber später bekommen sie eine schöne Wohnung in der Nähe des Stadions vom FC Barcelona.

Das Camp Nou ist das größte Stadion in Europa und bietet Platz für 100.000 Zuschauer.
Leo ist froh, seine Familie um sich zu haben. Er besucht das Gymnasium in der Nähe des Stadions und er trainiert in der Jugendakademie vom FC Barcelona.

Für Leo ist die neue Situation herausfordernd, weil er immer noch sehr schüchtern ist. Seine Mitspieler denken sogar, dass er gar nicht reden kann. Denn Leo sagt nichts. Im April bricht er sich bei einem Spiel auch noch das linke Wadenbein.
Jetzt muss Leo drei Monate im Gips verbringen. Das ist schon sehr schlimm für ihn, aber noch schlimmer ist, dass seine Mutter, seine Brüder und seine Schwester Heimweh haben.

Also gehen sie zurück nach Rosario. Jorge Messi fragt Leo, ob er auch nach Argentinien zurückkehren möchte.
Vielleicht sollten sie besser dort einen Proficlub suchen?
„Nein, Papa", sagt Leo. „Ich bleibe hier! Ich will es in Barcelona schaffen."

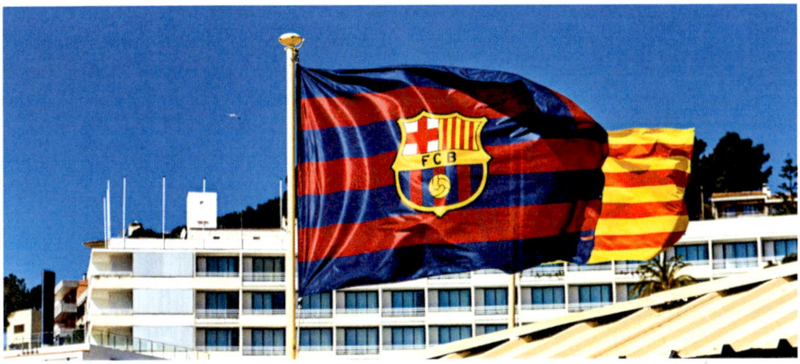

FC Barcelona

Der FC Barcelona ist ein Fußballverein aus der spanischen Provinz Katalonien. Die Menschen in Katalonien sind stolz auf ihre Provinz. Viele von ihnen wollen sich von Spanien abspalten. Deshalb mögen viele Barcelona-Fans Real Madrid, den Fußballverein aus der spanischen Hauptstadt, nicht.
Der FC Barcelona ist sehr erfolgreich. Vor allem unter den niederländischen Trainern Rinus Michels, Johan Cruijff und Frank Rijkaard und unter dem Spanier Pep Guardiola.

Der FC Barcelona ist seit den frühen 1970er Jahren für seinen schönen, technischen und offensiven Fußball bekannt. Der Trainer und Spieler Johan Cruijff (1947-2016) hat damit angefangen. Insgesamt hat der Verein fünfmal die Champions League gewonnen.

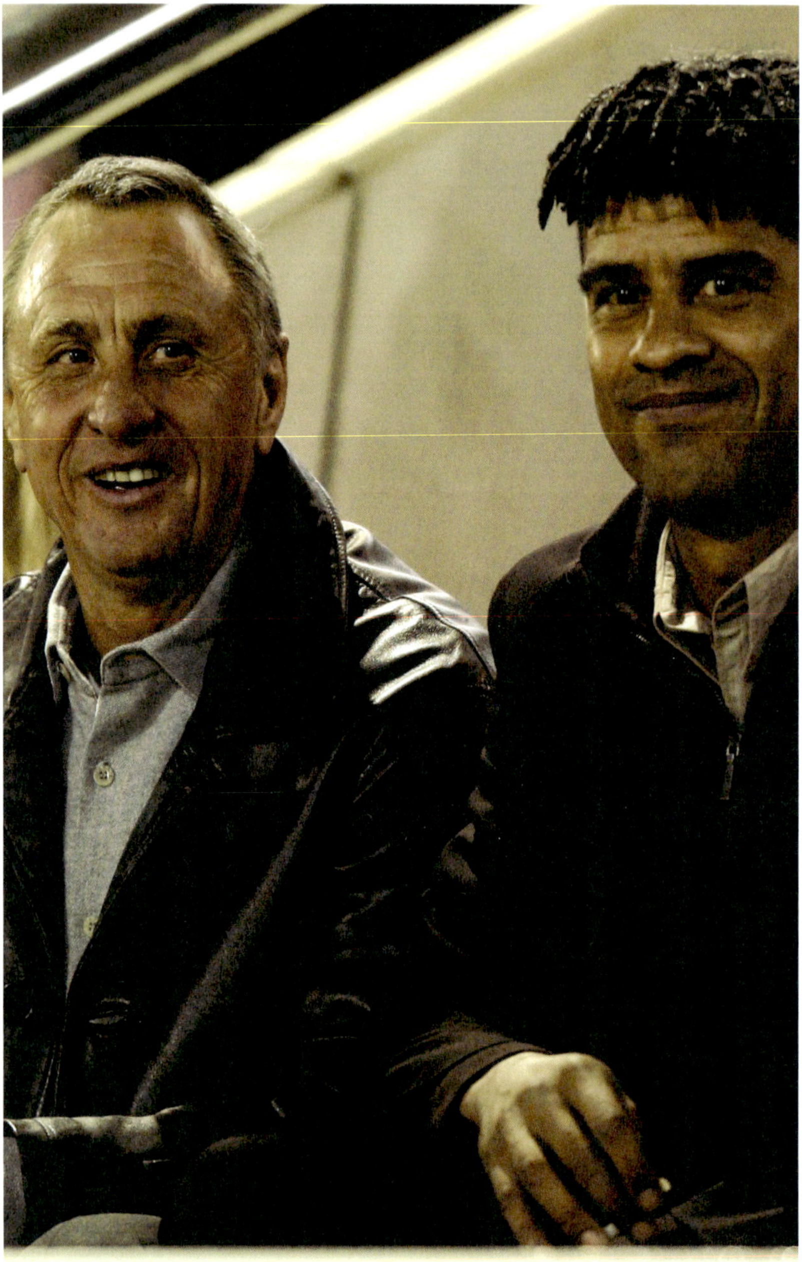

17. November 2004: Johan Cruijff und Frank Rijkaard auf der Tribüne in Barcelona.

5

Ein echter Fußballprofi

Leo vermisst seine Familie und Freunde sehr.
Er telefoniert viel mit ihnen.
Nach der Schule und nach dem Training macht er immer ein Nickerchen auf der Couch.
Manchmal dauert dieses Nickerchen stundenlang.
Warum schläft Messi so viel?
Weil er während der Trainingseinheiten und Spiele immer alles gibt. Er ist immer in Bewegung und sprintet viel. Messi will sich immer verbessern.
Er will der allerbeste Fußballer sein.

Nach einem Nickerchen auf der Couch macht er so wenig Hausaufgaben wie möglich.
Allerdings spielt er viel auf der PlayStation.
Und abends isst er oft Pizza oder ein Steak mit seinem Vater.
Messi ist kein guter Schüler. In der Schule lernt man nichts über Fußball. Und Fußball ist das Einzige, was ihn interessiert. Messi mag die Vision von Johan Cruijff sehr. Er ist ein ehemaliger Spieler und ehemaliger Trainer vom FC Barcelona.
Cruijff mag schönen und technischen Fußball, in dem auch Platz für kleine, technische Spieler ist.
Leo findet das gut.

Manchmal sieht er Cruijff auf dem Trainingsplatz, denn Johan arbeitet als Berater für den FC Barcelona. Aber Leo traut sich nicht, mit ihm zu sprechen.

Im Jahr 2002 bricht sich der 15-jährige Leo bei einem Kopfballduell den Kiefer.
Das tut sehr weh. Danach muss er eine Weile mit einer Maske auf dem Gesicht spielen.
Trotzdem ist er durch die Wachstumshormone schon viel stärker geworden, auch weil er viel Krafttraining macht. Die Oberschenkel von Messi sind sehr muskulös. Er ist ein „explosiver” Spieler, jemand mit einem sehr schnellen Sprint.
Als kleiner Spieler ist er nah am Ball, was ein Vorteil ist. Und wenn er hinfällt, steht er schnell wieder auf.

Im Jahr 2003 kommt Berater Cruijff zum Einsatz.
Auf seinen Rat hin kommt ein neuer Trainer zum FC Barcelona, der Niederländer Frank Rijkaard.
Und Anfang November erhält Leo eine gute Nachricht: Rijkaard will ihn in die erste Mannschaft holen! Von nun an darf Leo mit Profis wie Ronaldinho, dem brasilianischen Star, trainieren.
Er darf sogar „Ronnie” zu ihm sagen.

Am 16. November desselben Jahres bestreitet Leo Messi sein erstes Spiel für die erste Mannschaft vom FC Barcelona. Es ist ein Trainingsspiel gegen den portugiesischen FC Porto.
Die 60.000 Zuschauer sehen einen kleinen Jungen von 16 Jahre mit einem übergroßen Trikot und sehr langen schwarzen Haaren. Er dribbelt großartig!

Es ist das erste Mal, dass Leo in einem vollen Stadion spielt.
Und er liebt es.
Er verspürt überhaupt keinen Druck.
Je mehr Leute im Stadion sind, desto besser.
Er denkt daran, was seine Großmutter ihm immer zurief: Zeig's ihnen, Leo!
Und das tut er.
Leo zeigt, dass er ein sehr guter Fußballer ist.
Deshalb gibt ihm der FC Barcelona einen besseren Vertrag.
Leo ist überglücklich. Denn jetzt kann er mit Fußball eine Menge Geld verdienen.

Leo Messi wird immer besser und besser.
Laut seinen Fans ist er sogar der neue Diego Maradona.

Immer häufiger wird Leo mit diesem argentinischen Superstar verglichen.
Er ist der Mann, der Argentinien 1986 zum Weltmeister gemacht hat.
Rijkaard gibt Messi deshalb die Rückennummer 10, die Nummer des großen Maradona.

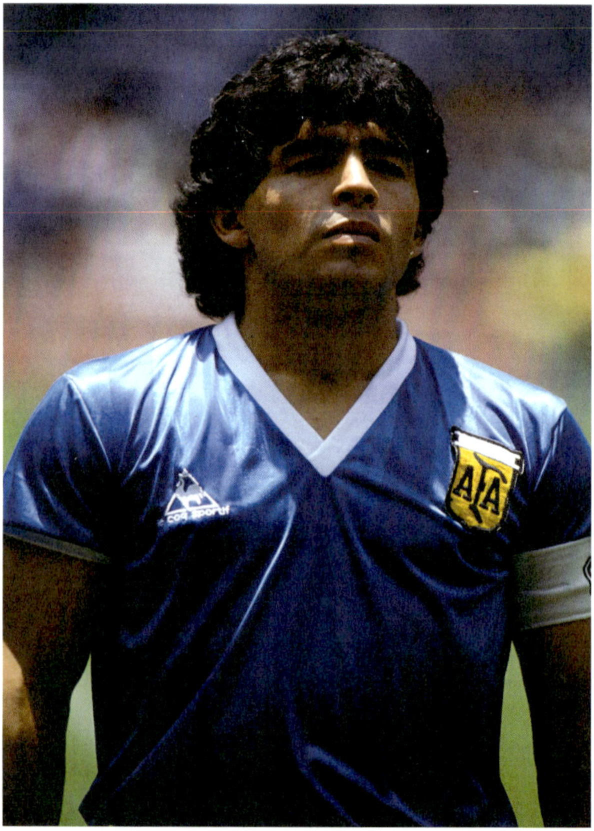

Diego Maradona (1960-2020)

Diego Maradona

Diego Maradona (1960-2020) wuchs in einer armen Familie in Buenos Aires, der Hauptstadt Argentiniens, auf.
Als Profifußballer erzielte er mit der argentinischen Nationalmannschaft große Erfolge.

Im Jahr 1986 gewann er mit seinem Land die Fußballweltmeisterschaft in Mexiko.
Maradona war der beste Spieler des Turniers, und schoss gegen England zwei bemerkenswerte Tore, eines davon mit der Hand. Später nannte er das Tor „die Hand Gottes".

Mit der Hand ein Tor zu schießen ist natürlich nicht erlaubt, aber der Schiedsrichter hat es nicht gesehen.
Darüber ärgerten sich die Engländer sehr.
Das zweite Tor erzielte er nach einem Dribbling, vorbei an vier Spielern und dem englischen Torhüter.
Maradona wurde 2010 Nationaltrainer der Argentinier, aber das war kein Erfolg.

Bemerkenswert war seine Freundschaft mit dem kubanischen Präsidenten Fidel Castro.

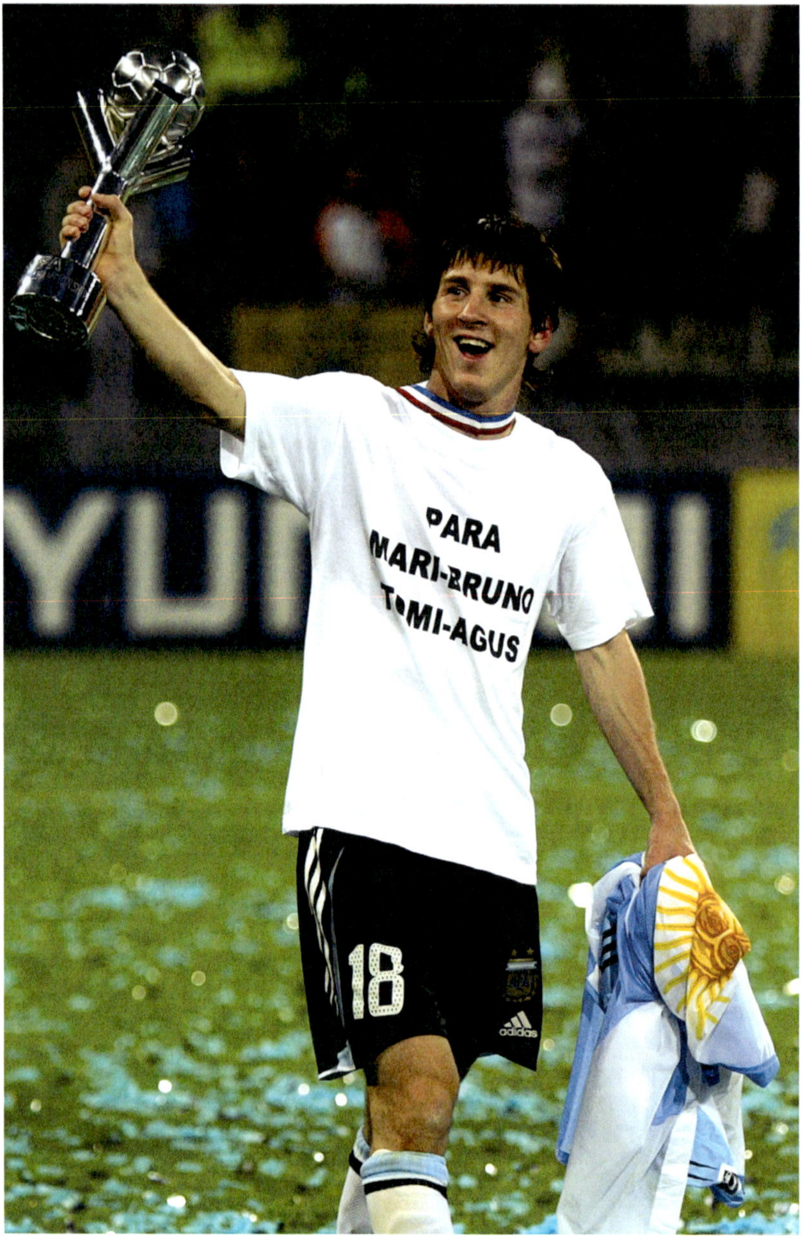

2. Juli 2005: Das Finale der Jugend-Weltmeisterschaft in Utrecht. Leo Messi hält die Trophäe hoch. Er wurde zum besten Spieler des Turniers gewählt.

6

Messi in den Niederlanden

Im Sommer 2005 findet die Fußballweltmeisterschaft der U20 in den Niederlanden statt. Das Finale dieser Jugend-Weltmeisterschaft wird in Utrecht ausgetragen. Argentinien gewinnt gegen Nigeria mit 2:0.
Leo Messi schießt beide Tore und wird zum besten Spieler des Turniers gekürt.

Außerdem ist er mit sechs Toren Torschützenkönig.
Der Sender NOS führt in Utrecht ein Interview mit Messi.
„Ich bin nicht sehr gut darin, über mich zu sprechen", sagt er.
„Das mag ich nicht. Was ich außer Fußball noch mag? Filme?
Nein, die mag ich eher nicht. Bücher?
Nein, die mag ich noch weniger.
Computerspiele mag ich schon."

Der Journalist hat einen Atlas mitgebracht.
Auf der Karte von Südamerika zeigt Leo auf seine Heimatstadt in Argentinien, Rosario. Dort hat für Leo alles angefangen.

Als er 4 Jahre alt war, schenkten ihm seine Eltern dort seinen ersten Fußball, einen weißen mit roten Quadraten. Er hat viel damit gespielt.
Manchmal konnte er gar nicht aufhören, Fußball zu spielen.

Nach dem Interview bekommt Leo den goldenen Nugget überreicht.
Das ist die Auszeichnung für den besten Spieler des Turniers.
Genau in diesem Moment reicht ihm ein Assistent ein Telefon.
Diego Maradona ist in der Leitung!
Er ist nach Meinung vieler der beste Fußballer aller Zeiten.
Maradona hat 1997 aufgehört, Fußball zu spielen.
Aber er spielt immer noch eine wichtige Rolle für den argentinischen Fußball.

Maradona gratuliert Messi zu seinen Erfolgen.
Er sagt, dass in Argentinien Millionen von Menschen die Jugendweltmeisterschaft im Fernsehen gesehen haben.
Und dass er gerne mit ihm essen gehen würde.
Leo Messi freut sich über den Telefonanruf.
Und tatsächlich ist die Jugend-WM sein Durchbruch in Argentinien.

Denn Millionen von Fans haben im Fernsehen gesehen, dass Messi wie Maradona aussieht.
Sie sind beide kleine, technische Fußballer.
Außerdem „klebt" bei beiden der Ball am linken Fuß. Und beide spielen Fußball in Stadien, als ob sie auf der Straße spielen würden.

Und dann ... passiert es endlich:
Im August 2005 spielt Messi sein erstes Spiel in der argentinischen Nationalmannschaft.
Es ist ein Freundschaftsspiel gegen Ungarn.
Leo ist erst 47 Sekunden lang auf dem Spielfeld, als jemand an seinem Trikot zerrt.
Verärgert tritt er aus und trifft dabei seinen Gegner.
Der Schiedsrichter pfeift das Spiel ab und zeigt ihm die rote Karte.
Weinend geht Leo in die Umkleidekabine.
Nach diesem schlechten Start wird es für Leo bald besser.

2006 bei der WM in Deutschland spielt Leo wieder für die Nationalmannschaft. Es ist seine erste WM. Die Familie Messi ist sehr stolz! Leider sitzt Leo oft auf der Reservebank. Manchmal wird er eingewechselt. Während einer der Einwechslungen schießt er sein erstes Tor für die argentinische Nationalmannschaft.

Leider kommen die Argentinier bei dieser WM nicht weiter als bis zum Viertelfinale.
Was für eine Enttäuschung!
In Argentinien sind viele Menschen wütend.
Warum hat Leo Messi nicht häufiger gespielt?
Ist es vielleicht Zeit für einen Trainer, der jungen Talenten eine Chance gibt?
Vielleicht könnte Maradona Nationaltrainer werden?

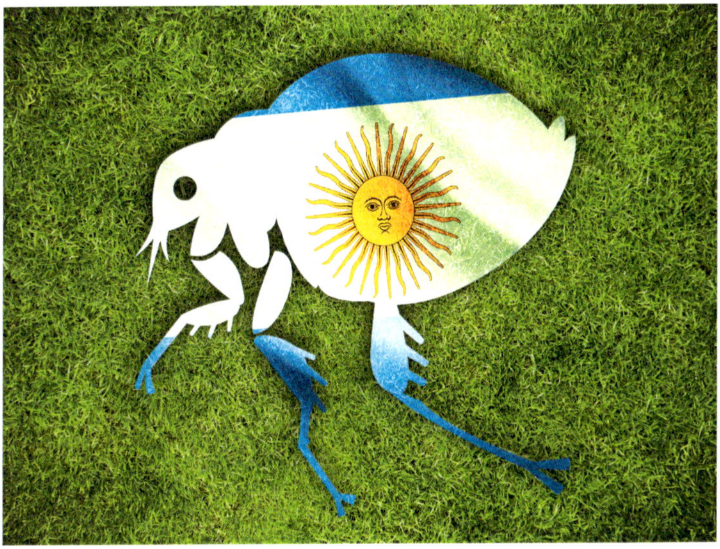

Spitznamen für Messi

Viele berühmte Fußballer haben einen Spitznamen. Leo Messi hat sogar mehrere. „Der Floh" ist sein bekanntester Spitzname, aber er wird auch Messidona und Messiah genannt.
„Messidona" ist eine Mischung aus den Namen Messi und Maradona,dem anderen argentinischen Star-Fußballer.
„Messiah" bedeutet Retter,
womit Jesus Christus gemeint ist.
Viele Argentinier sehen in Leo auch eine Art Retter, jemanden, der das Heil bringt.

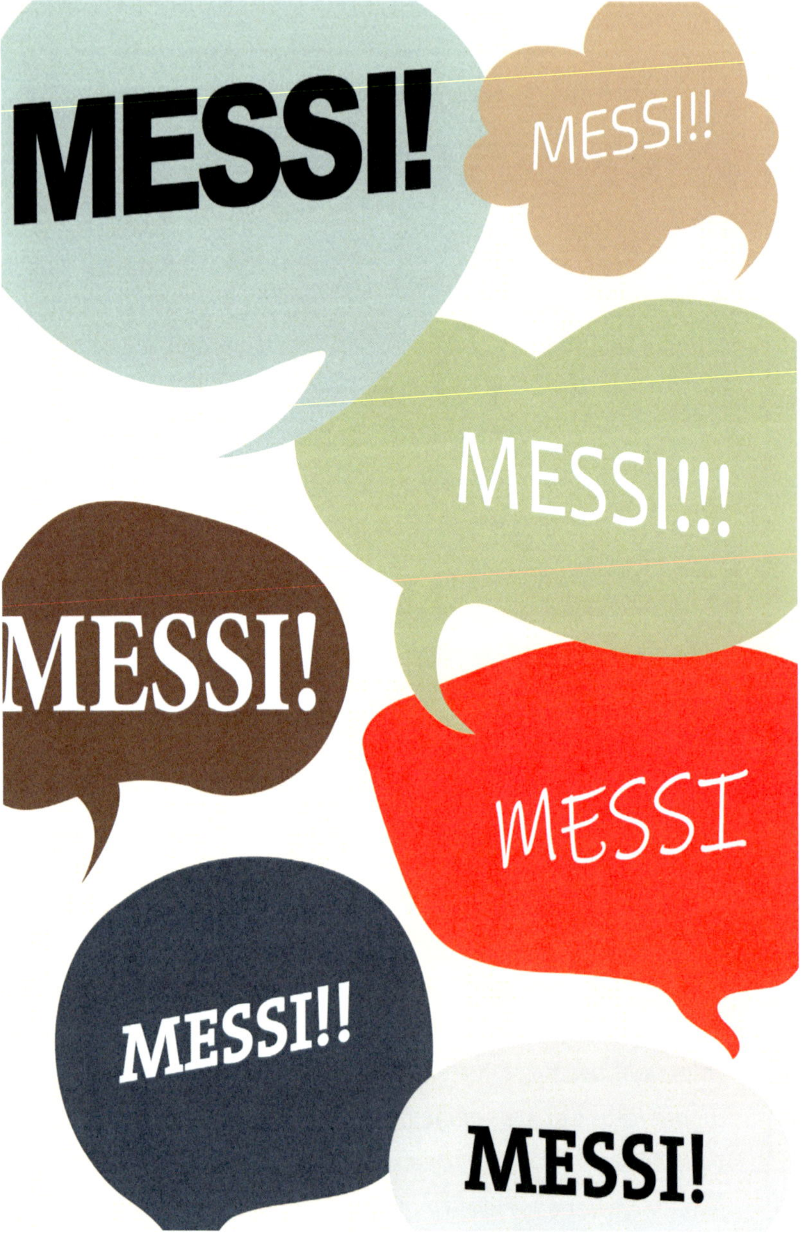

Leo ist weltberühmt. Doch Ruhm macht nicht nur Spaß. Er kann auch gefährlich sein.

7

Verrückt nach Messi

Leo Messi ist weltberühmt und verdient viel Geld.
Hat ihn das verändert?
Seine Schwester glaubt das nicht.
Maria Messi sagt in einem Interview:
„Er ist derselbe Junge geblieben, Leo hat sich nicht verändert. Aber die Menschen um ihn herum haben sich verändert. Jeder will etwas von ihm."
Messi schießt immer mehr Tore für den FC Barcelona. Die ganze Welt guckt sich seine Tore im Fernsehen an. Lupfer über den Torwart, schöne Freistöße, knallharte Schüsse.

Das Tor von 2007 gegen Getafe ist vielleicht sein schönstes Tor: Leo beginnt in der eigenen Hälfte zu dribbeln. Auf seinem Weg zum gegnerischen Tor geht er an einem Gegner vorbei,
dann an einem zweiten, einem dritten und dann an einem vierten.
Zum Schluss geht er auch noch am Torwart vorbei und schießt ein Tor mit rechts!
Leo selbst sagt danach in einem Interview:
„Ich habe eine Lücke gesehen und bin losgelaufen, wie ich es immer tue. Ich habe jemandem gesucht, dem ich den Ball zuspielen konnte. Aber niemand war da. Dann habe ich es selbst gemacht."

In demselben Interview sagt Messi auch:
„Ja, dieses Tor sieht aus wie das Tor von Maradona gegen England bei der Weltmeisterschaft von 1986. Aber das war ja auch bei einer Weltmeisterschaft. Gegen englische Nationalspieler.
Ich will mich nicht mit Diego vergleichen. Diego ist der Größte!"

Auch gesundheitlich geht es Leo gut. Er bekommt keine Wachstumshormone mehr gespritzt.
Privat ist Leo sehr glücklich. Seit 2007 ist er nämlich mit der 18-jährigen Antonella zusammen.
Sie kommt wie Leo aus Rosario.
Er kennt sie von früher, sie ist die Nichte eines Jugendfreundes. Schon als kleiner Juge mochte er sie sehr.

Antonella studiert Ernährung.
Sie hilft ihrem Freund, sich gesünder zu ernähren: weniger Pizza und Steak, mehr Fisch, Gemüse und Obst.
Das ist wichtig für einen Fußballer.

Messi geht es sehr gut. Aber es gibt auch Dinge, die ihn unglücklich machen. Im Jahr 2007 tritt Leo mit der argentinischen Nationalmannschaft bei der Copa América an.

Das ist die südamerikanische Fußballmeisterschaft. Während des Spiels gegen Peru kommt es zu einem erschreckenden Zwischenfall. Als der Schiedsrichter zur Halbzeitpause pfeift, läuft Messi in die Kabine. Plötzlich hört er, wie jemand sehr laut seinen Namen ruft. Er blickt hoch.

Auf der Tribüne sieht er ein Mädchen.
Sie steht auf der Betonkante und will auf das Spielfeld hinunter springen. Aus einer Höhe von vier Metern!
„Stopp!“, schreit Leo. „Nicht!“
Aber sie springt trotzdem.
Zum Glück landet sie auf den Füßen.
Sie fällt hin, steht aber wieder auf und läuft auf Leo zu.

Sie umarmt ihn.
Dann wird sie von der Polizei gepackt und weggebracht.
„Sie hätte tot sein können“, sagt Messi nach dem Spiel zu einem Journalisten.
„Warum hat sie das gemacht?“
Keiner kennt die Antwort.
Aber Leo versteht jetzt, dass Ruhm gefährlich sein kann.
Nicht nur für die Fans, sondern auch für ihn selbst.

Immer mehr Menschen lieben Messi.
Vor allem in Südamerika, wo heutzutage viele Menschen fußballverrückt sind.
Bei der Copa América 2007 erreicht Argentinien dank Messi das Finale.
Dort spielen sie gegen Brasilien.

Nach nur vier Minuten verliert Leo den Ball im Mittelfeld.
Ein dummer Fehler, der zum 1:0 Rückstand führt.
Argentinien verliert schließlich mit 3:0. Messi ist wütend und traurig.
Nächtelang kann er nicht schlafen.
Warum hat er den Ball verloren?
Warum ist das Mädchen von der Tribüne gesprungen?

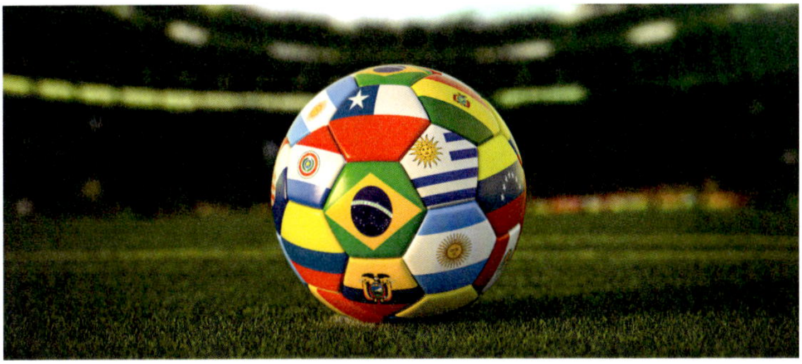

Copa América

Die südamerikanische Fußballmeisterschaft Copa América gibt es bereits seit 1916.
Das Turnier findet in unregelmäßigen Abständen statt. Denn manchmal ziehen Länder, die es organisieren, plötzlich zurück. Der Grund dafür ist meist Geldmangel oder politische Unruhen.
Die Mitglieder des Südamerikanischen Fußballverbands haben schon immer an der Copa teilgenommen. Das sind: Uruguay, Kolumbien, Peru, Argentinien, Chile, Venezuela, Brasilien und Paraguay. Ab 1993 werden auch andere Länder zur Teilnahme eingeladen. Zum Beispiel Mexiko, Costa Rica, Jamaika oder die USA.
Argentinien hat die Copa 15 Mal gewonnen. Es ist das einzige Land, das als Copa-Sieger (2021) auch Weltmeister (2022) geworden ist.

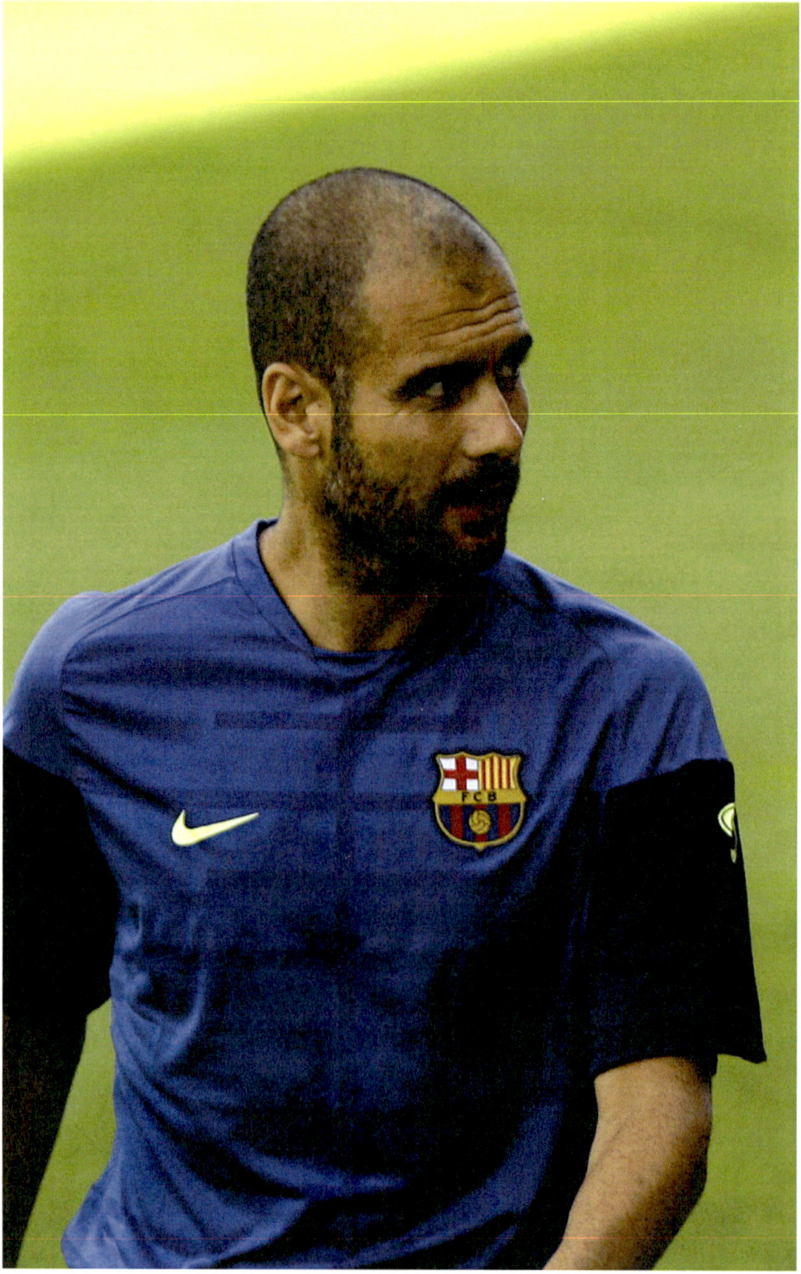

20. Juli 2009: Trainer Pep Guardiola während einer Trainingseinheit vom FC Barcelona.

8

Tiki-Taka

2008 wird Pep Guardiola der neue Trainer des FC Barcelona.
Pep mag die Fußballvision von Johan Cruijff.
Aber Pep macht auch etwas Neues.
Unter ihm spielt Barcelona Tiki-Taka-Fußball.
Das ist ein Angriffsfußball mit schnellen, kurzen Pässen. Weil das tickende Geräusch der Pässe leicht zu hören ist, nennt man es Tiki-Taka.

Der FC Barcelona hat viele kleine, technische Spieler, die den Tiki-Taka-Fußball gut spielen können.
Das sind vor allem Xavi (1 Meter 68),
Iniesta (1 Meter 71) und natürlich Messi (1 Meter 69).
Aber auch Linksverteidiger Jordi Alba (1 Meter 70) macht eine gute Figur.

Unter Pep gewinnt der FC Barcelona dreimal den nationalen Titel. Immer wieder schlagen sie den großen Real Madrid. In der spanischen Premier League ist das der stärkste Gegner von Barcelona.
Ein Spiel zwischen den beiden Mannschaften wird „El Classico” genannt, der Klassiker.

Die Gegner von Messi tauchen oft nach dem Spiel vor den Fernsehkameras auf, darunter auch die Verteidiger von Real Madrid.

Sie sagen: „Man weiß nie, welchen Weg Messi einschlagen wird.
Nach rechts, nach links, oder wird er dich austricksen und dir den Ball zwischen die Beine spielen? Manchmal setzen wir drei Spieler auf ihn an, aber das nützt nichts.
Er dribbelt sich einfach durch."

Real Madrids Torhüter Casillas sagt über Messi:
„Seine Schüsse sind sehr clever.
Oft gehen sie zwischen den Beinen der Verteidiger hindurch, so dass man dass man sie nicht kommen sieht. Dann ist man chancenlos.
Sein Schuss ist schnell, er ist ein Killer im Strafraum."

Unter Trainer Pep kann der FC Barcelona auch zweimal die Champions League gewinnen.
Leo Messi spielt natürlich wieder eine Hauptrolle.
Im Champions-League-Finale 2009 erzielt er zum Beispiel ein Kopfballtor gegen
Manchester United.

Xavi passt von der rechten Seite.
Messi springt hinter dem Verteidiger
Rio Ferdinand hoch (1,89 m).
Er hängt hoch in der Luft und lupft den Ball über
Torwart Edwin van der Sar (1 Meter 97).
Dann landet er wieder auf dem Rasen, und zwar so
heftig, dass er seinen Schuh verliert.
Mit dem Schuh in der Hand rennt er zu den
jubelnden spanischen Fans.

Im Champions-League-Spiel gegen Arsenal im Jahr
2010 ist Messi ebenfalls großartig.
Im eigenen Stadion liegen die Spanier 0:1 zurück.
Doch dann nimmt Leo Messi das Spiel in die Hand.
Er schießt nicht weniger als 4 Tore.
Erst ein Knaller mit links, dann ein geschickter
Schuss mit der rechten Seite, dann ein Lupfer über
den Torwart.
Und schließlich ein Dribbling aus 30 Metern und ein
Schuss zwischen den Beinen des Torwarts hindurch.
Sogar die englischen Fans jubeln ihm zu.

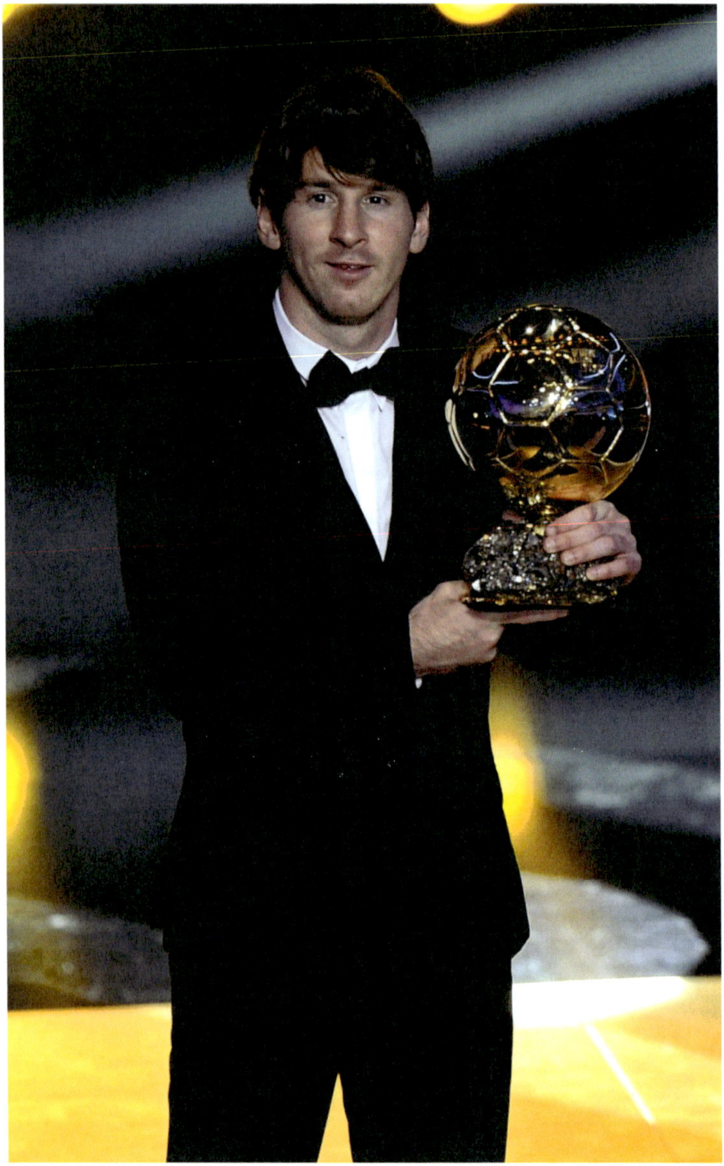

Im Jahr 2011 erhält Messi seinen 3. Ballon d'Or.

Der Kampf um den Goldenen Ball

Die Spiele zwischen dem FC Barcelona und Real Madrid waren eine Zeit lang nicht nur Spiele zwischen zwei Klubs, sondern auch zwischen zwei Weltstars:
Leo Messi und Cristiano Ronaldo.

Der Portugiese Ronaldo (1985) spielte
zwischen 2009 und 2018 für Real Madrid und erzielte 311 Tore. Bald fragten sich viele Menschen: Wer ist der beste Fußballer der beiden?
Wer ist der GOAT, der Greatest Of All Time?

In Zürich wird jedes Jahr der Ballon d'Or, der Goldene Ball, an den besten Spieler des Jahres verliehen.
Ronaldo gewann den Titel fünfmal:
in den Jahren 2008, 2013, 2014, 2016 und 2017.
Leo Messi erhielt 7 Goldene Bälle: 2009, 2010, 2011, 2012, 2015, 2019 und 2021.

Beide Fußballer sind sehr gut. Aber Messi ist im Gegensatz zu Ronaldo Weltmeister. Damit ist er der beste Fußballer der Welt.

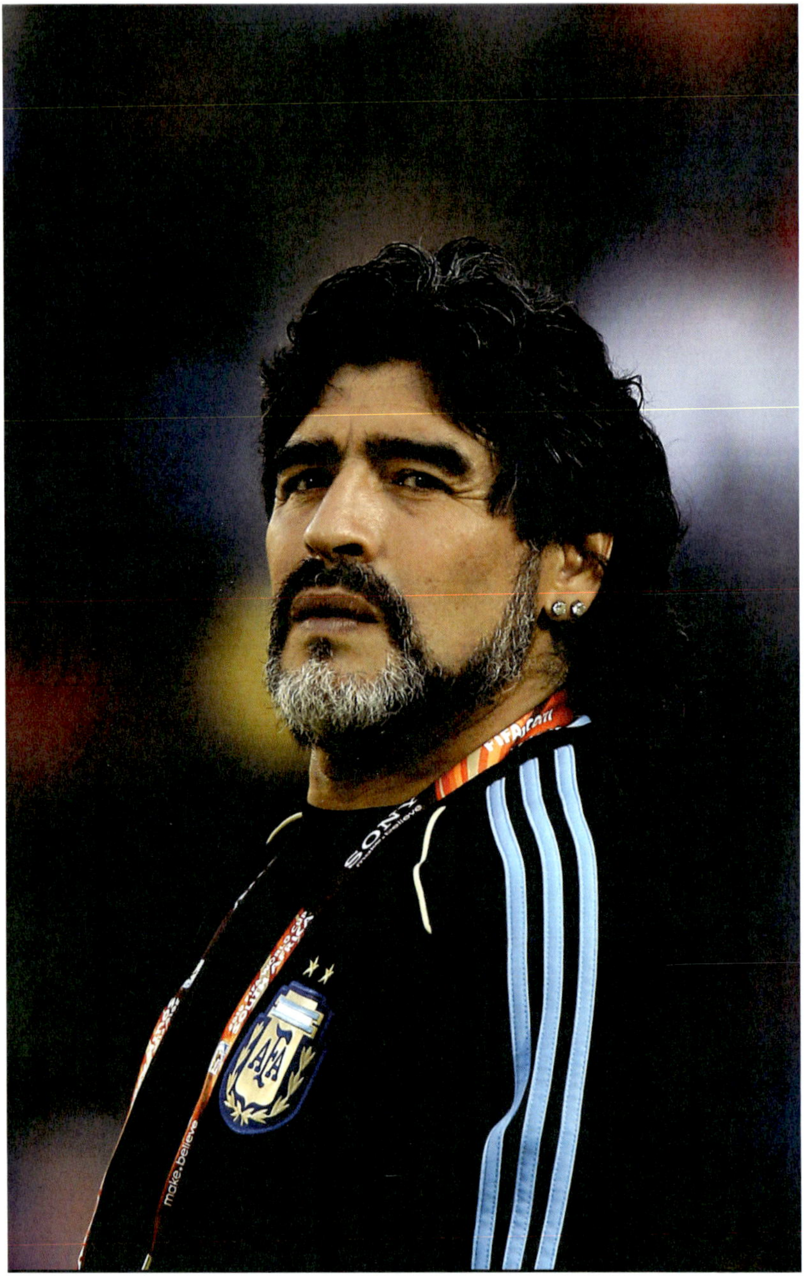

12. Juni 2012: Maradona während der Fußballweltmeisterschaft in Südafrika.

9

Bundestrainer Maradona

Im Sommer 2010 fiebert ganz Argentinien bei der Fußballweltmeisterschaft in Südafrika mit.
Hier wollen die Argentinier endlich den Weltmeistertitel holen. Immerhin haben sie Messi als Starspieler und Maradona als Nationaltrainer.

Der vorherige Verbandstrainer wurde entlassen, weil er Messi immer wieder auf die Bank setzte.
Aber jetzt ist Maradona der Chef. Er gibt Messi die Nummer 10 zurück, die einst seine eigene Nummer war. Und er macht Leo zum Kapitän.
Aber die Weltmeisterschaft läuft schlecht.
Schon im Viertelfinale fliegt Argentinien gegen Deutschland raus. Mit 4:0 werden sie vom Platz gespielt. Was für ein Desaster!

Auch Maradona verhält sich sehr seltsam.
Nimmt er vielleicht wieder Drogen?
Denn das ist ein großes Problem von Maradona: seine Sucht nach Alkohol und Drogen.
Natürlich bekommt Messi eine Menge Kritik von wütenden argentinischen Fans.
Aber das stört Leo nicht besonders.
Viel schlimmer ist die Kritik von Maradona.
Er sagt: „Messi spielt für Messi. Er ist der FC Messi.“

Warum sagt Maradona so etwas?
Das stimmt schließlich wirklich nicht.

Messi ist ein Mannschaftsspieler, seine Flanken und Doppelpässe sind weltberühmt. Ist Maradona vielleicht neidisch? Es scheint so. Denn wenn ein Journalist ihn fragt: „Wer ist besser, Leo oder du?", sagt Maradona: „Messi fehlt der wichtigste Titel: er ist kein Weltmeister. Ich schon."

Nach der Weltmeisterschaft 2010 tritt Maradona als Nationaltrainer zurück. „Das ist nichts für mich", gibt er zu. Er bittet Messi um Entschuldigung.
So bleiben sie Freunde.
Beim FC Barcelona ist Leo Messi sofort wieder in Topform. Er spielt dort wirklich gut. Das hat natürlich auch mit seinen guten Mitspielern zu tun. Messi verändert sich langsam. Er lässt sich sein erstes Tattoo stechen. Das Gesicht seiner Mutter erscheint auf seiner linken Schulter.

Am 2. November 2012 gibt es eine große Neuigkeit:
Messi ist Vater von Sohn Thiago geworden.
Leo schreibt auf Facebook: „Ich bin der glücklichste Mann der Welt. Mein Sohn ist auf die Welt gekommen. Ich danke Gott für dieses Geschenk.
Ich danke meiner Familie für all die Hilfe."

Nach der Geburt seines Sohnes lässt sich Messi weitere Tattoos stechen. Thiagos Babyhände erscheinen auf seiner linken Wade. Und ein rotes Herz mit Flügeln. Auf sein Schienbein lässt er sich ein Schwert tätowieren. Und an die Seite seines linken Unterschenkels einen Fußball und die Nummer 10. Auf seinem rechten Arm sind Landkarten von Europa und Südamerika, eine Blume und Jesus am Kreuz zu sehen.

Auf seine Fußballschuhe hat Leo den Namen seines Sohnes geschrieben. Mit diesen Schuhen schießt er viele schöne Tore. Sowohl 2011 als auch 2012 gewinnt er den Goldenen Ball.
Leo Messi ist der beste Spieler der Welt.

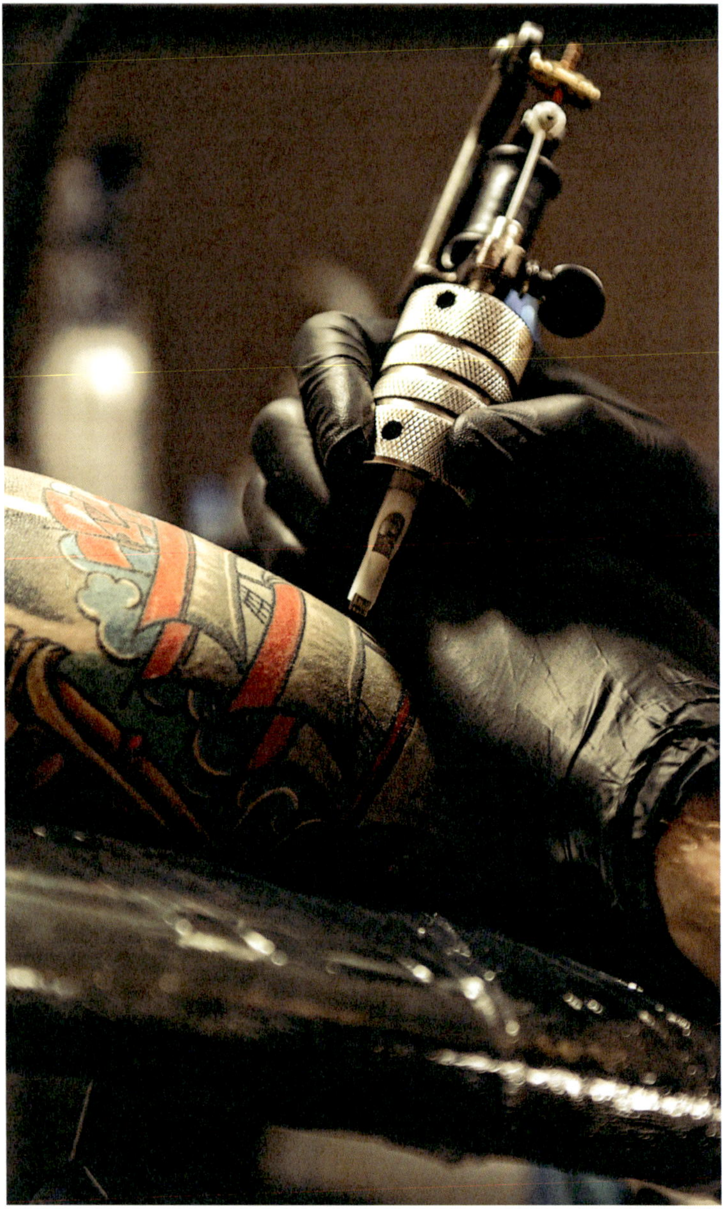

Fußballer und Tattoos

Viele Profifußballer haben Tattoos. Einer der ersten Profis mit einer Tätowierung war David Beckham. Der ehemalige Fußballer hat etwa 60 davon. Darunter ist auch eines von seiner Frau Victoria in Unterwäsche.

Manche Fußballer entscheiden sich für noch verrücktere Tattoos. Der ehemalige Spieler Marco Materazzi zum Beispiel hat zwei große Engelsflügel auf seinem Rücken. So als könnte er wegfliegen. Und Verteidiger Daniele de Rossi hat ein Warnzeichen für Tacklings auf seiner Wade: Vorsicht, harte Tacklings!

Aber es gibt auch berühmte Fußballer ohne Tattoos, zum Beispiel Frenkie de Jong und Cristiano Ronaldo.
Ärzte warnen: All diese Tätowierungen auf dem Körper sind nicht gesund. Die Tinte gelangt ins Blut und die Haut kann sich entzünden.

Messi begann 2014 mit seinen Tattoos.
Inzwischen hat er 18 davon. Er und seine Frau Antonella haben sich beide eine Krone tätowieren lassen.
Fühlen sie sich als König und Königin des Fußball?

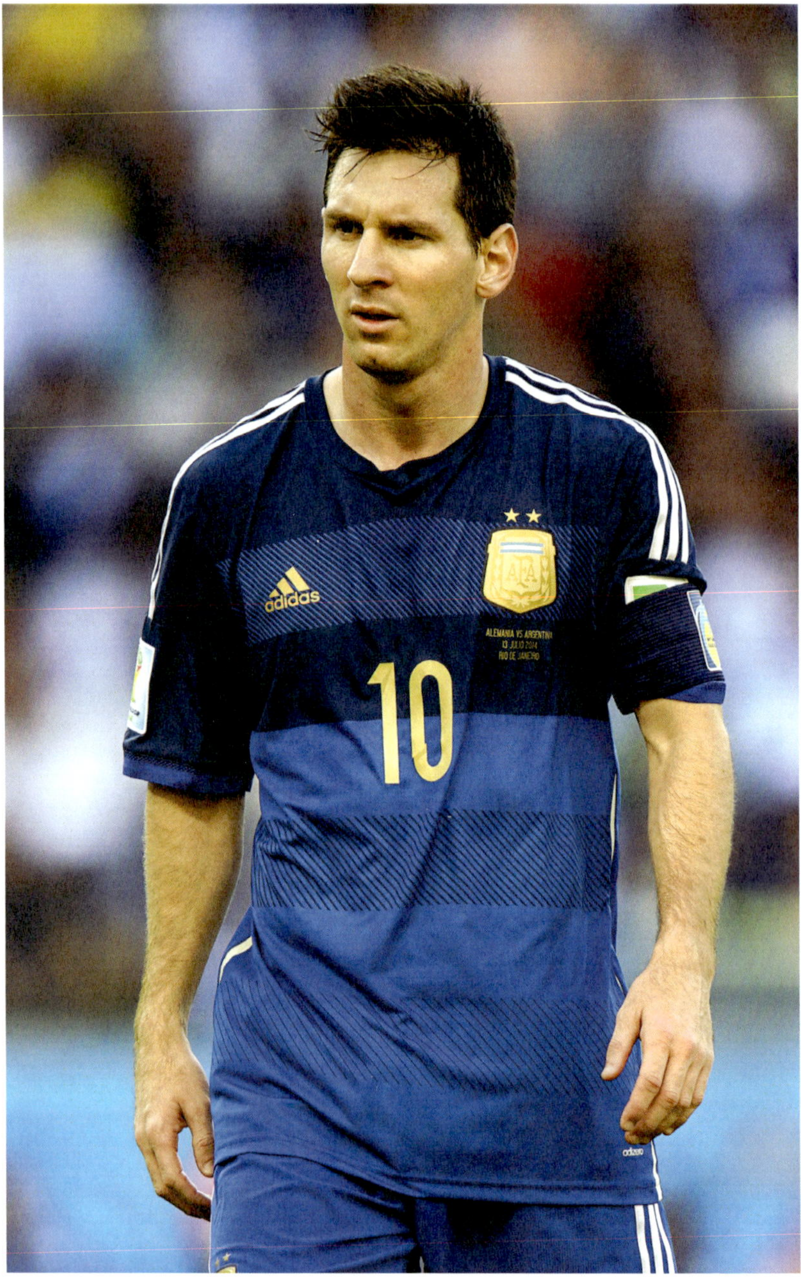

13. Juli 2014: Lionel Messi im Finale der Fußball-WM gegen Deutschland.

10

Die WM 2014

Im Sommer 2014 ist ganz Argentinien glücklich. Die Fußballweltmeisterschaft in Brasilien steht vor der Tür. Und die Argentinier haben eine sehr gute Mannschaft. Jetzt müssen sie endlich wieder Weltmeister werden. Millionen Argentinier zählen auf Messi. Er muss es schaffen.

Und tatsächlich läuft es gut. Messi schießt 4 Tore und führt Argentinien ins Finale gegen Deutschland. Das Finale ist sehr spannend. Zu Beginn der zweiten Halbzeit bekommt Leo eine gute Chance. Aber er schießt den Ball weit über das Tor von Torwart Neuer drüber. Nach 90 Minuten steht es immer noch 0:0.

Es gibt also eine Verlängerung, und Deutschland schießt den Siegtreffer: 1:0.
Was für ein Desaster! Schon wieder scheitert Argentinien im Finale. Nach dem Abpfiff liegen die Spieler kraftlos auf dem Rasen. Nach dieser Niederlage geht es Messi nicht gut. Er schläft schlecht. Jede Nacht liegt er wach. Dann denkt er wieder an das Finale gegen Deutschland.
Und vor allem an die große Chance, die er hatte.
Warum hat er diese Chance verpasst?
Lag es an Torwart Neuer mit seinen langen Armen?

In einem Interview sagt Messi über das verlorene WM-Finale: „Wer gewinnt, ist zufrieden.
Wer verliert, ist immer unzufrieden und denkt die ganze Zeit darüber nach, warum er nicht gewonnen hat.”
Der Journalist fragt, ob das Messi nicht in den Wahnsinn treibe. Messi antwortet: „Mein kleiner Sohn Thiago hilft mir, nicht verrückt zu werden.
Wegen ihm denke ich auch an andere Dinge als an Fußball.“

Zum Glück geht es Messi langsam besser.
Und das liegt vor allem an einem neuen Spieler beim FC Barcelona, Luis Suarez, einem Stürmer aus Uruguay. Die beiden Südamerikaner verstehen sich gut. Und mit ihren Familien grillen sie oft gemeinsam. Suarez hat sich sogar ein Haus in Barcelona gekauft, ganz in der Nähe von Messis Haus.

Die beiden werden gute Freunde, und das ist gut für den FC Barcelona. Denn wenn die Stimmung gut ist, spielt Messi noch besser.
Und das merken auch die Deutschen.
Im Halbfinale der Champions League 2015 spielt der FC Barcelona gegen Bayern München.
Dort steht wieder Neuer im Tor.

Und was passiert im Stadion von Barcelona?
Leo flitzt durch den Strafraum.
Nach seiner Finte gerät ein deutscher Verteidiger so aus dem Konzept, dass er umkippt.
Messi schießt den Ball in einem Bogen an Neuers Armen vorbei ins Tor.
Ein Weltklassetor!

Der FC Barcelona besiegt Bayern München und Messi gewinnt seinen fünften Goldenen Ball.
Ein Journalist fragt ihn, wo er all die Goldenen Bälle aufbewahrt. Messi antwortet:
„Ich habe zuhause ein eigenes Zimmer für alle meine Pokale, Medaillen und Goldenen Bälle.
Hoffentlich brauche ich bald ein neues Zimmer.
Denn ich möchte so viele Auszeichnungen wie möglich gewinnen."

Erstmal ist ein zweites Zimmer aber nicht nötig.
2015 verliert Argentinien das Finale der Copa América. Chile ist stärker.
Millionen von Argentiniern sind darüber wütend und traurig.

Genau wie Messi, obwohl er auch einen Grund zur Freude hat: sein zweiter Sohn Mateo ist geboren.

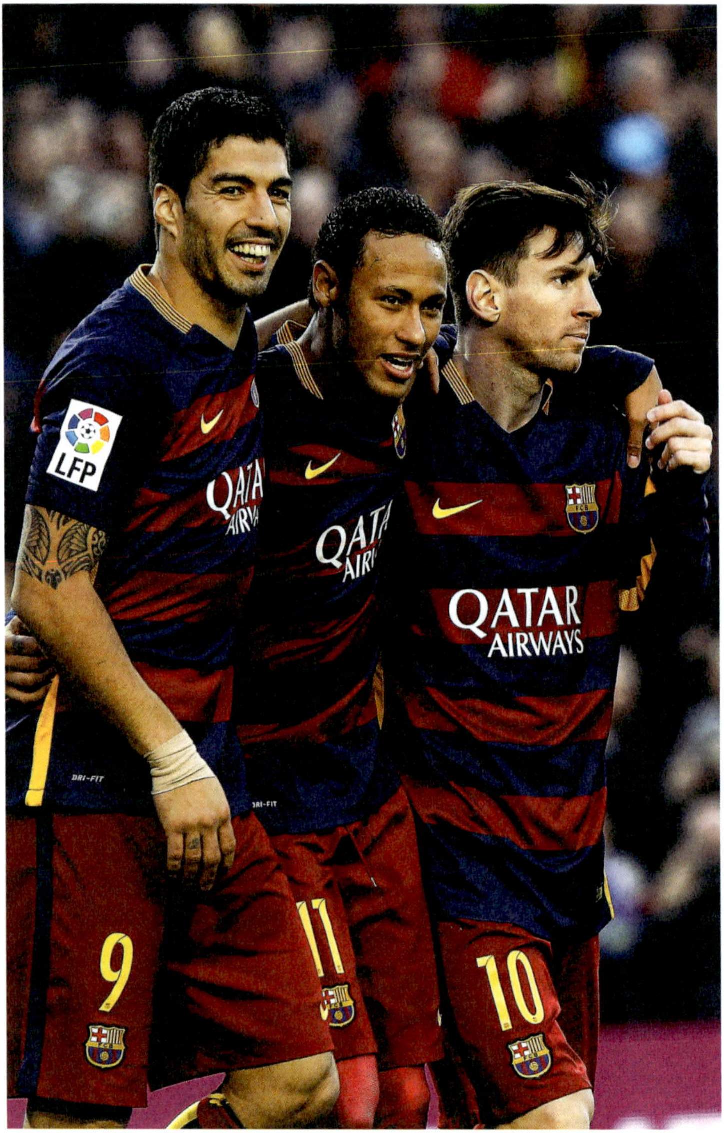

Das MSN-Trio bei einem Spiel gegen Real Madrid im Jahr 2015.
Von links nach rechts: Suarez, Neymar und Messi.

Das Trio MSN

Im Jahr 2014 kommt Luis Suarez zum FC Barcelona, und damit hat der Verein 3 Stürmer aus Südamerika: den Argentinier Messi, den Brasilianer Neymar und den Uruguayer Suarez.
Alle drei sind weltberühmt. Deshalb gibt es Zweifel.
Drei große Stars in einer Mannschaft, wird das gut gehen?
Wird es nicht zum Streit kommen?
Aber die Zweifel werden nicht bestätigt.

Das Offensivtrio wird MSN genannt und schießt sofort 122 Tore. Die drei schenken sich gegenseitig Tore ein.
Und ihr Zusammenspiel ist großartig. Die Freundschaft zwischen Messi und Suarez ist ein großer Vorteil.

MSN ist weiterhin gut, bis Neymar 2017 nach Paris geht, zu Paris Saint-Germain. Im Jahr 2020 muss Suarez den FC Barcelona verlassen.
Jetzt schießt der Freund von Messi seine Tore bei Brasiliens Grêmio.
Sein Spitzname ist „El Pistolero", der Scharfschütze.

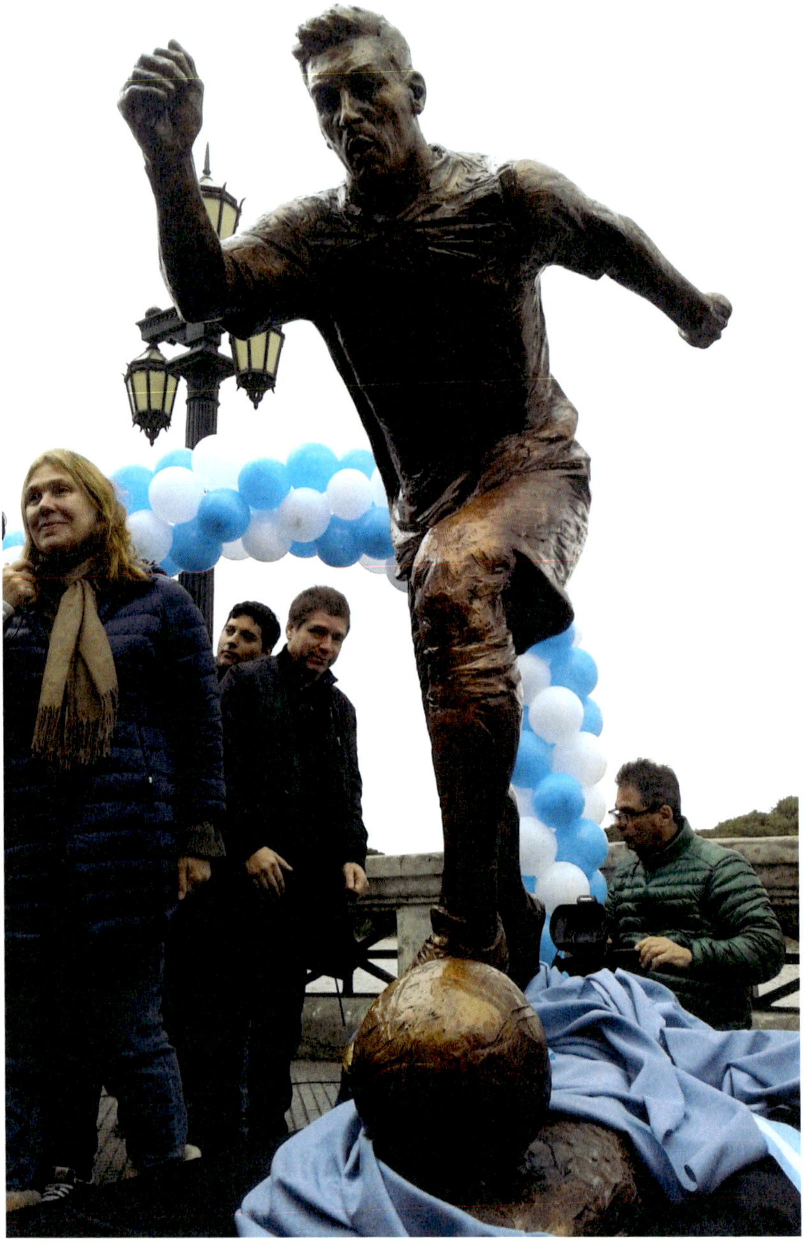

28. Juni 2016: Die Messi-Statue in Buenos Aires wird feierlich enthüllt.

11

Eine Statue für Messi

Im Sommer 2016 läuft es zwischen Messi und Argentinien nicht gut. Im Juni beginnt die Copa América und auch da geht es wieder schief.
Die Argentinier erreichen zwar das Finale, verlieren aber im Elfmeterschießen gegen Chile.

Auch Messi verschießt einen Elfmeter, was viele Fans verärgert. Warum spielt Leo für den FC Barcelona in Spanien so gut? Und für Argentinien so schlecht? Ist er überhaupt ein echter Argentinier? In den sozialen Medien schreiben viele Argentinier:
„Leo, du bist ein Spanier geworden!“

Die Fußballverrückten in Argentinien sind in heller Aufregung. Leo und seine Familie werden bedroht. Sie brauchen noch mehr Security als sonst.
Deshalb verkündet Leo Messi auf Facebook:
„Ich verlasse die Nationalmannschaft von Argentinien. Ich wollte sehr gerne für mein Land gewinnen, aber leider ist es mir nicht gelungen.
Es ist genug. Ich höre auf.“
Alle sind schockiert von dieser Nachricht, auch Maradona.
Er ruft Leo sofort an.

„Junge, du musst geduldig sein", sagt er.
„Bevor wir 1986 die Weltmeisterschaft gewonnen haben, habe ich schlechte Spiele gemacht. Das war eine Katastrophe. Ich wurde aus der Mannschaft geschmissen. Ich bin auch bedroht worden. Aber man muss durchhalten. Komm zurück in die Mannschaft. Für Argentinien!"

Auch viele andere Argentinier wollen Messi zurück in der Nationalmannschaft. Ein Bildhauer will sich für Leo einsetzen. Am 28. Juni 2016 wird in der argentinischen Hauptstadt Buenos Aires eine Statue von Messi enthüllt. Die Statue ist aus Bronze und genau 1 Meter 69 hoch, genau wie der echte Leo.

Bei der Enthüllung der Statue sagt der Bürgermeister von Buenos Aires:
„Wir werden Leo Messi bald bei der Weltmeisterschaft in Russland brauchen. Er ist erst 29 und der beste Spieler der Welt. Wir möchten, dass er wieder in der Nationalmannschaft spielt. Deshalb haben wir diese schöne Statue machen lassen."
Tausende von Menschen machen ein Selfie mit dem bronzenen Messi.
Die Fotos gehen um die Welt.

Ein paar Wochen später kommt eine Pressemitteilung von Leo Messi.
Er wird doch wieder Nationalspieler.
„Ich liebe mein Land zu sehr", schreibt er.
„Und dieses Trikot."
In diesem Sommer ändert Messi sein Aussehen. Er blondiert sein Haar. Und seinen Unterschenkel lässt er bis zum Knie schwarz tätowieren.

Es sieht aus wie ein schwarzer Strumpf.
Nur der Fußball, die Nummer 10 und Thiagos Babyhände sind noch zu sehen. Warum macht er das? Leute, die ihn gut kennen, sagen:
„Er will zeigen, dass er ein Kämpfer ist, ein echter Argentinier."

2016 ist kein schönes Jahr für Messi.
Aber es kommt noch schlimmer.
Denn plötzlich gibt es ein Gerichtsverfahren wegen Steuerhinterziehung gegen ihn.
Er soll Geld von Sponsoren vor den Steuerbehörden versteckt haben. Dem Finanzamt fehlen dadurch 4,1 Millionen Euro.
Leos Vater erledigt alle Geschäfte für seinen Sohn.
Er gesteht den Fehler ein.
Messi zahlt das fehlende Geld an die Steuerbehörden.

Aber der „Fall Messi" geht trotzdem weiter vor Gericht. Dort wird er gefragt: „Warum haben Sie diesen Sponsoringvertrag unterschrieben?"
Messi antwortet:
„Wenn mein Vater das sagt, unterschreibe ich einen Vertrag mit geschlossenen Augen.
Ich verstehe von Verträgen nichts."
Messi wird zu einer Geldstrafe verurteilt.
Außerdem wird er heftig kritisiert.
Verdient Messi nicht zu viel Geld?

Und dann kommt ein schlimmer Telefonanruf aus Argentinien.
„Leo, deine Statue ist zertrümmert worden", sagt ein Freund aus Buenos Aires.
„Es ist in der Nacht passiert.
Deine Statue ist in zwei Hälften gesägt worden!
Nur die untere Hälfte ist noch da."
Die Polizei sucht nach den Tätern,
findet sie aber nicht.
Leo liegt nachts wach und fragt sich:
Warum hat jemand seine Statue zerstören?
Sind sie völlig verrückt geworden in Argentinien?

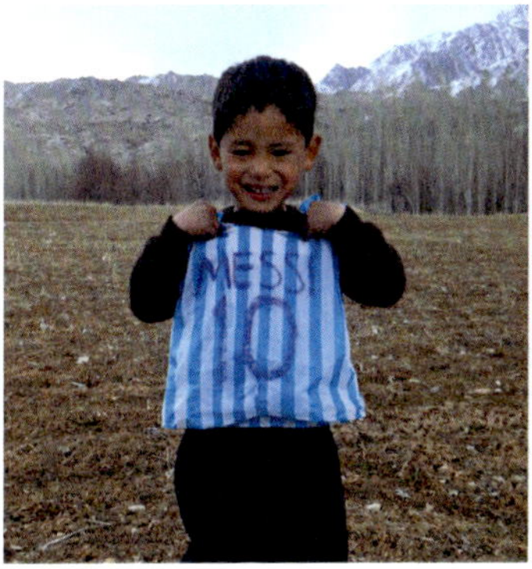

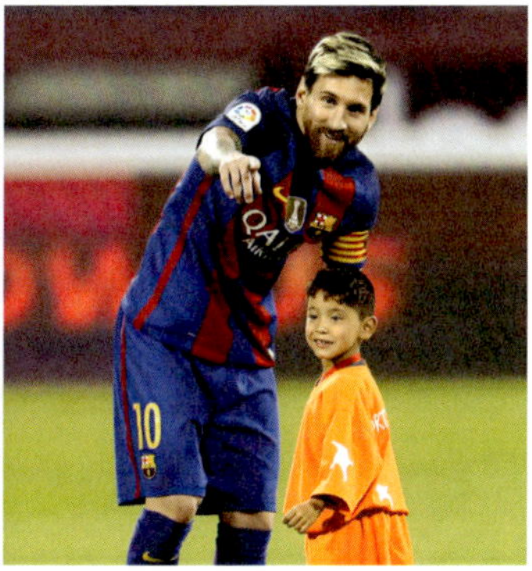

Murtaza Ahmadi: der Junge mit dem Plastik-Trikot

Im Januar 2016 geht ein berührendes Foto um die Welt. Es zeigt einen 6-jährigen afghanischen Jungen, der eine Plastiktüte in ein Messi-Trikot verwandelt hat.
In die weiß-blau gestreifte Tüte hat er Löcher für seinen Kopf und Arme geschnitten. Auf dem Rücken steht Messi und die berühmte Nummer 10.
Mithilfe der Organisation UNICEF findet Messi den Jungen, Murtaza Ahmadi. Messi schickt ihm zwei Pakete.
In einem Paket ist ein echtes Trikot mit Messis Unterschrift darauf. In dem anderen Paket ist ein schöner Fußball.
Murtaza ist sehr glücklich darüber.

Und er wird noch glücklicher sein, wenn er im Jahr 2021 in Katar Messi im echten Leben trifft.

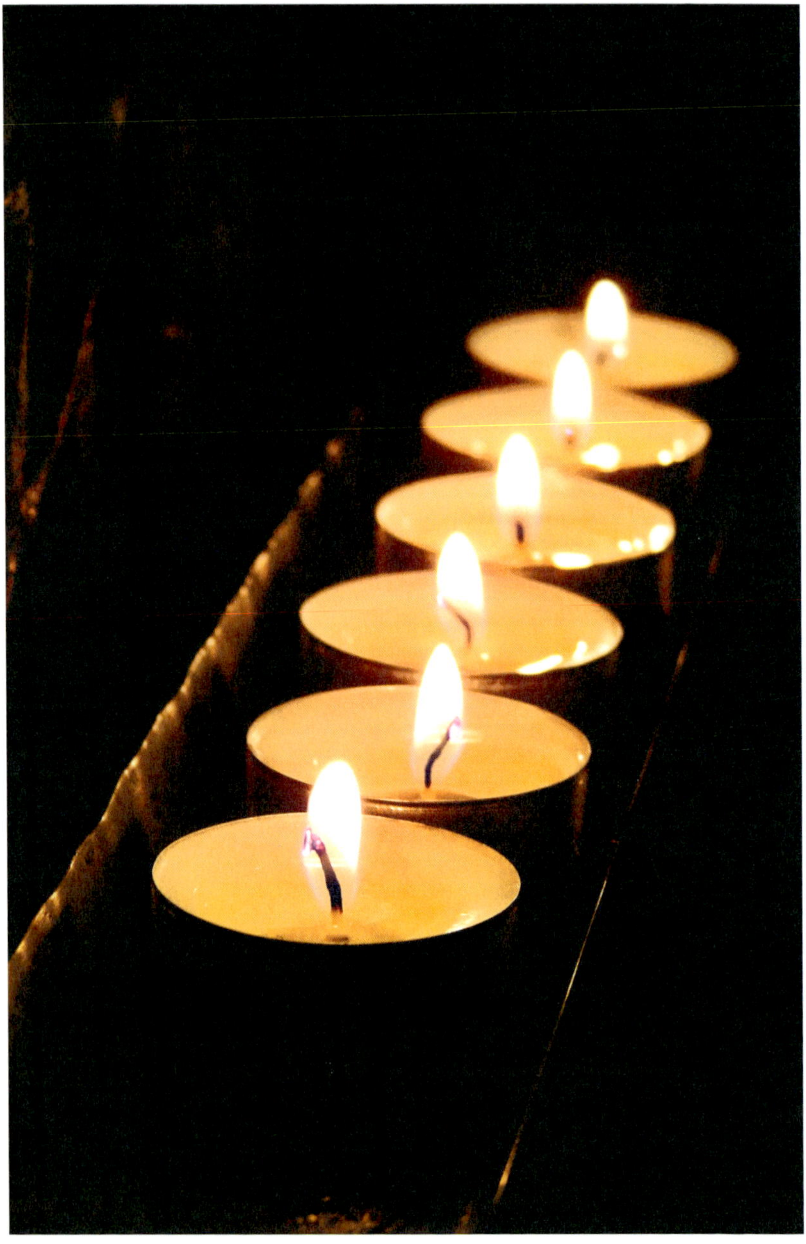

Am 25. November 2020 stirbt Diego Maradona.
„Ruhe in Frieden, Diego" schreibt Lionel Messi auf Instagram.

12

Maradonas Tod

Das Jahr 2017 beginnt gut für Leo Messi.
Am 23. April gegen Real Madrid schießt er sein 500. Tor für den FC Barcelona. Das wird mit einer großen Party gefeiert. Aber eine noch größere Party steht bevor: Am 1. Juli heiratet Leo Antonella.

Vor den Fernsehkameras nennt er sie „schön, intelligent und immer fröhlich".
Natürlich heiraten die beiden in Rosario, ihrer Heimatstadt. Hunderte von Gästen versammeln sich in einem Luxushotel.
400 Polizisten sind für die Sicherheit zuständig.
Es kommen auch viele Spieler vom FC Barcelona.
Sie fliegen extra für Leo von Spanien nach Argentinien.

Dennoch bleibt es unruhig um Leo Messi.
Im Dezember bekommt er wieder Drohungen aus Argentinien. Die reparierte Statue wird erneut zerstört. Diesmal ist der bronzene Messi an den Knöcheln abgesägt worden.
Messi weiß, warum das passiert.
Mit der argentinischen Mannschaft hat er alle wichtigen Endspiele verloren.

Viermal wurde das Team geschlagen, während Messi mitspielte: bei der Weltmeisterschaft 2014 und bei der Copa América in den Jahren 2007, 2015 und 2016.
Jetzt steht 2018 die Weltmeisterschaft in Russland an. Er MUSS gewinnen!

Aber auch in Russland geht einiges schief.
Es ist Messis vierte Weltmeisterschaft und noch nie ist es so schlecht gelaufen. Nach Niederlagen gegen Frankreich und Kroatien können die Argentinier sofort nach Hause fahren.
Wieder sind viele argentinische Fans
wütend auf Messi.
In den sozialen Medien schimpfen sie über ihn.
Viele Fans denken, er hätte härter arbeiten müssen.

Zum Glück läuft es privat für Messi sehr gut.
2018 wird er zum dritten Mal Vater eines Sohnes.
Sportlich bleibt es schwierig. Bei der Copa América 2019 verliert Argentinien gegen Brasilien 0:2.
Wieder einmal hadert Leo
mit dem argentinischen Volk.
Sie beschimpfen ihn
und wünschen ihm sogar den Tod.

Messi gibt ein Radiointerview in Buenos Aires.
Er sagt: „Mein 6-jähriger Sohn hat neulich ein Video über mich auf YouTube gesehen.
Er fragte: Papa, warum wollen sie dich in Argentinien tot sehen?"
Wird sich das Verhältnis zwischen Leo und den Argentiniern jemals bessern?

Zunächst sieht es nicht danach aus.
Die Beschimpfungen und Drohungen gehen immer weiter. Und dann, am 25. November 2020, stirbt Diego Maradona im Alter von 60 Jahren an einem Herzstillstand.

Der argentinische Held erhält ein Staatsbegräbnis.
Sein Sarg wird in den Präsidentenpalast gebracht.
Dort bilden sich bald kilometerlange Schlangen.
Denn Hunderttausende von Menschen wollen Diego einen letzten Gruß erweisen.
Ein paar Stunden nach Maradonas Tod schreibt Leo Messi auf Instagram:
„Er verlässt uns, aber er geht nicht. Denn Diego ist für immer. Heute ist ein trauriger Tag für alle Argentinier und für die Fußballwelt.
Ich behalte all die schönen Momente in Erinnerung, die ich mit ihm erlebt habe.
Ruhe in Frieden, Diego."

Später in der Woche wird der FC Barcelona vor dem Training eine Schweigeminute für Maradona abhalten.
Millionen Menschen sehen im Fernsehen, wie Messi traurig auf den Rasen schaut, wie er weint, wie seine Hände zittern.
Jetzt, in Argentinien, stehen die Fans plötzlich wieder hinter „ihrer" Nummer 10.
Messi erhält wieder Unterstützung und Respekt.

Andere argentinische Fußballer geben Interviews.
„Wir müssen besser zusammenarbeiten", sagen sie.
„Die Fans müssen uns unterstützen.
Dann können wir bald die Copa América und die Weltmeisterschaft gewinnen.
Wir können diese Turniere gewinnen.
Nein, wir müssen sie gewinnen!
Für Diego, für Leo, für alle Argentinier."

Die besten Fußballer aller Zeiten

Wer sind die besten Fußballer aller Zeiten? Auf diese Frage gibt es viele Antworten. Im Intenet findet man normalerweise die folgende Liste:

1. *Pelé (Brasilien)*
2. *Messi (Argentinien)*
3. *Maradona (Argentinien)*
4. *Cruijff (Niederlande)*
5. *Garrincha (Brasilien)*
6. *Zidane (Frankreich)*
7. *Cristiano Ronaldo (Portugal)*
8. *Haaland (Norwegen)*
9. *Salah (Ägypten)*
10. *Ronaldo (Brasilien)*

Sie sind mit dieser Liste nicht einverstanden? Dann können Sie Ihre eigene Liste erstellen.

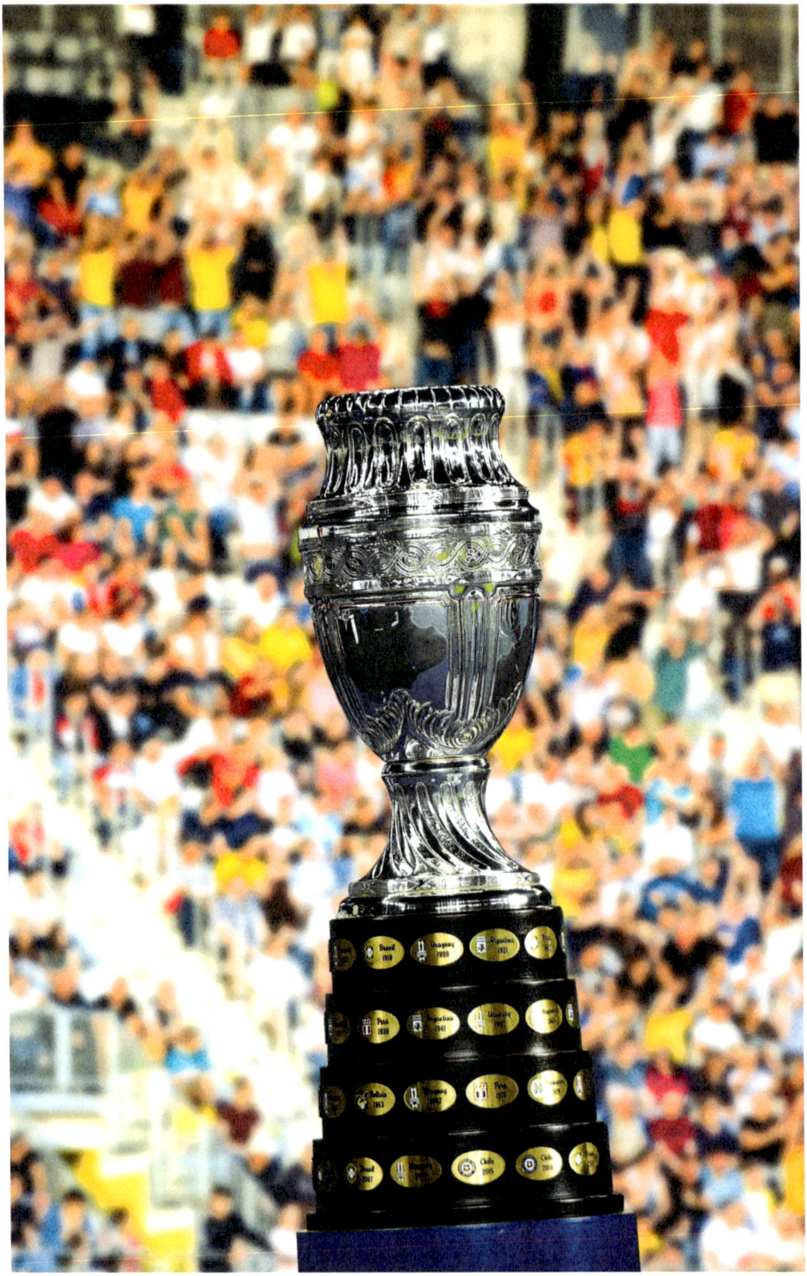

Im Sommer 2021 gewinnt Argentinien endlich die Copa América.

13

Messi gewinnt die Copa América

Das Jahr 2021 beginnt mit einem großen Streit in Barcelona. Der Vertrag von Messi wird in der Zeitung veröffentlicht. So kann jeder lesen, dass Messi in vier Jahren mehr als eine halbe Milliarde Euro verdient. Wütende Vorstandsmitglieder vom FC Barcelona haben dafür gesorgt, dass diese Information in die Zeitung kommt.

Wegen der Corona-Pandemie hat der Verein Geldsorgen. Es werden keine Eintrittskarten mehr verkauft, weil im Stadion keine Zuschauer erlaubt sind. Jetzt gibt es einen Schuldenberg von über einer Milliarde Euro. Deshalb müssen alle Spieler einen Teil ihres Gehalts abgeben.
Aber Messi will das nicht.

Die Bosse vom FC Barcelona sind wütend auf Messi.
Sie nennen ihn eine „Ratte“ und einen „Zwerg“.
Sie halten ihn für undankbar.
„Er hat unserem Club alles zu verdanken“, sagen sie. Deshalb geben sie den Vertrag von Messi heimlich an Journalisten weiter. Und sie hoffen, dass alle denken, Messi sei ein „Geldfresser“.

Aber die Dinge entwickeln sich anders.
Der gesamte Vorstand vom FC Barcelona gerät in Schwierigkeiten.
Die Leute fragen sich: wo sind die 222 Millionen Euro, die der Verein für Neymar bekommen hat?
Hat der Vorstand vielleicht große Fehler gemacht?
Die Journalisten schreiben, dass Messi sein Geld ja wert ist. Und das beweist er auch.

Im Sommer 2021 gewinnt Argentinien endlich die Copa América. Zum ersten Mal seit 1993.
Messi ist mit vier Toren Torschützenkönig des Turniers. Im Finale besiegen die Argentinier Brasilien dank eines Treffers von Angel di Maria.
Ganz Argentinien jubelt.
In einem Interview sagt Di Maria über Messi:
„Alles, was ich tun muss, ist in den Raum zu laufen. Der Ball wird kommen. Messi gibt ihn immer rechtzeitig ab. Er sieht immer, ob du im Abseits stehst oder nicht. Es ist, als ob er nicht nur Augen im Kopf hat, sondern auch hoch oben im Himmel.“

Als Messi nach dem Turnier nach Barcelona zurückkehrt,
sind Hunderte von Journalisten auf dem Flughafen.
Sie beobachten, wie Messi die Flugzeugtreppe zu Antonella hinunterläuft.

Schnell nehmen sie ihre Masken ab und umarmen und küssen sich.
Diese Bilder gehen um die Welt.

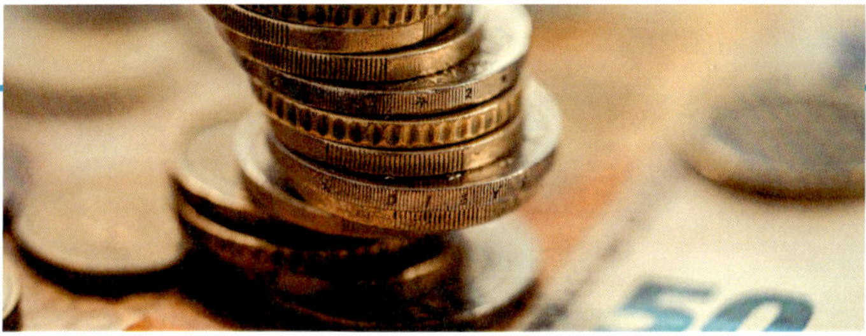

Mit jeder Sekunde reicher

Viele Menschen halten Messi für den besten Fußballer der Welt. Sie finden es okay, dass er eine Menge Geld verdient. Beim FC Barcelona erhielt Messi in vier Jahren mehr als 555 Millionen Euro.

Messi verdient pro Monat 11,5 Millionen Euro.
Das sind 2,64 Millionen Euro pro Woche.
Das sind 378.082 Euro pro Tag.
Das sind 15.753 Euro pro Stunde.
Das sind 262 Euro pro Minute.
Das sind 4,36 Euro pro Sekunde.

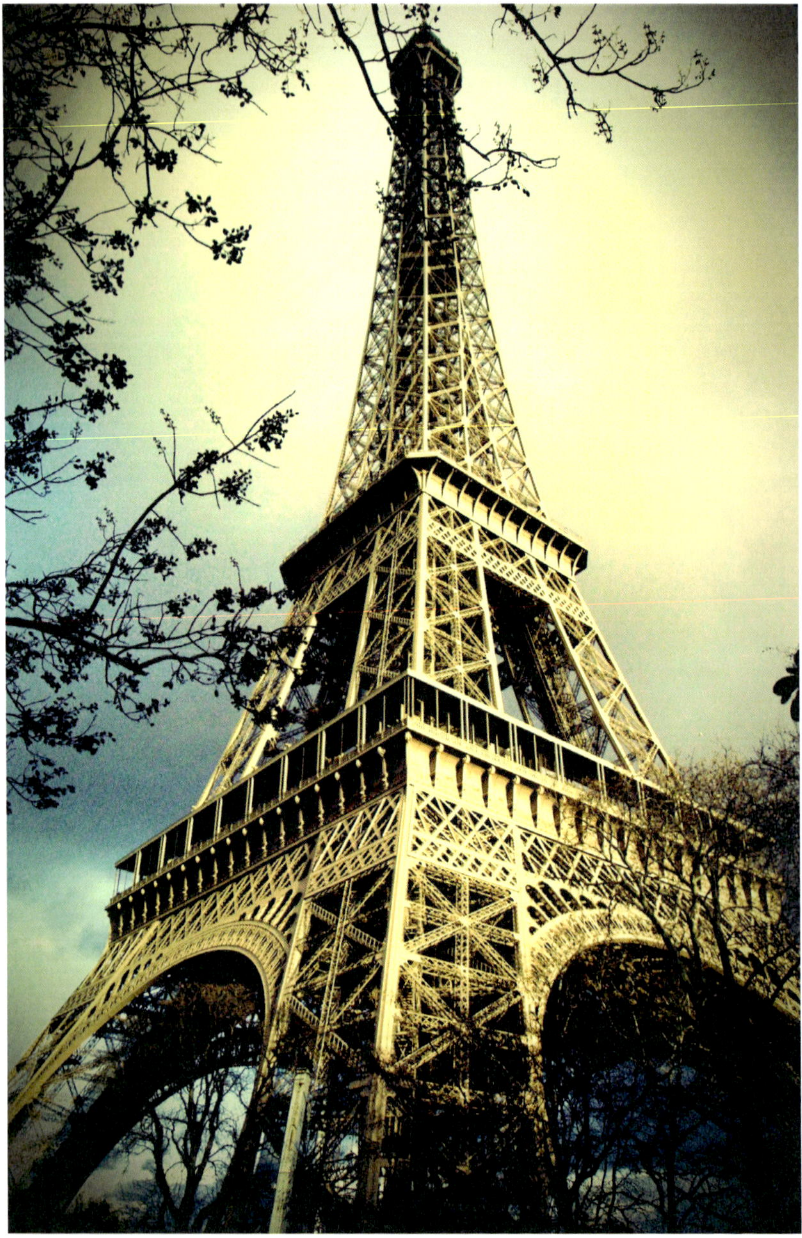

Im August 2021 fängt Lionel Messi an bei Paris Saint-Germain zu spielen.
Deshalb wird er mit seiner Familie nach Paris, in die Stadt des Eiffelturms, ziehen.

14

Messi geht nach Paris

Im Sommer 2021 taucht ein 14 Meter hohes Porträt von Messis Gesicht an der Wand einer Wohnung in Rosario auf. Die Wohnung befindet sich in dem Viertel, in dem Leo aufgewachsen ist.
Auch in Buenos Aires werden große Porträts von Messi auf Wohnungen und Sporthallen gemalt.
Er wird von vielen Argentiniern verehrt.

Aber wie geht es zwischen Messi und dem FC Barcelona weiter? Es gibt immer noch Streit zwischen den Bossen und Leo.
Leos Freund Suarez musste den Verein schon verlassen, weil er den Bossen zu teuer war.
Aber der FC Barcelona hat auch neue Spieler gekauft, zum Beispiel den teuren Niederländer Memphis Depay.

Viele finden das seltsam, denn eigentlich hatte der Verein ja große Geldsorgen.
Im August 2021 ist es dann zwischen Messi und dem FC Barcelona endgültig aus.
Nach 672 Toren für den FC Barcelona muss Leo Messi gehen. Er verlässt weinend das Gebäude und tritt vor die Kameras. Er gibt dem spanischen Fußballverband die Schuld.

Denn wegen der neuen Gehaltsregeln kann er nicht mehr in Spanien Fußball spielen.
Also geht er nach Paris, zum Fußballverein Paris Saint-Germain (PSG).

Nur wenige Tage später steht Messi im Stadion von PSG. Sein Vertrag läuft bis Juni 2023. Und seine Rückennummer ist die 30. Im Fanshop gibt es lange Schlangen für ein Trikot mit dieser Nummer.
Bei seinem Abschied in Barcelona weinte Messi, aber in Paris lächelt er viel.

Bei einem Interview im französischen Fernsehen sagt Messi: „Ich will als Fußballer noch besser werden. Ich will weiter Titel gewinnen.
Das ist mein Ziel."
Bei PSG spielt er im Angriff zusammen mit Neymar und Mbappé. Die PSG-Bosse hoffen, mit Messi endlich wieder die Champions League zu gewinnen. Doch das wird ihnen 2022 nicht gelingen. Unter anderem, weil Messi einen Elfmeter gegen Real Madrid verschießt.

Aber der Goldene Ball geht trotzdem an Messi.
Und das zum siebten Mal!
Ist er der Allerbeste?
Ja, sagen viele Fußballfans, aber dann müsste er Argentinien auch zum Weltmeister machen.

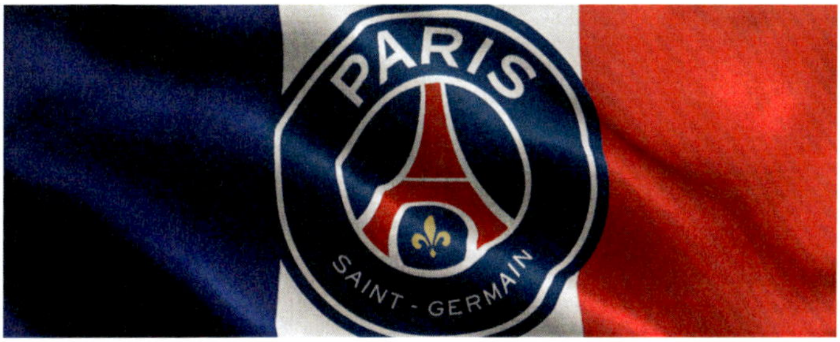

Paris Saint-Germain

Paris Saint-Germain (PSG) ist der beste Fußballverein Frankreichs. Der Verein gehört einer Gruppe von Investoren aus Katar, die sehr viel Geld haben. Sie können die besten Fußballer kaufen. Das Stadion hat Platz für 51.000 Zuschauer.
PSG hat schon 10 Mal den nationalen Titel geholt, aber noch nie die Champions League gewonnen.

Messi hat bei PSG noch nicht so viele Tore geschossen wie beim FC Barcelona.
Fühlt er sich in Paris wohl?
„Ja", sagte er in einem Interview.
„Wir haben ein neues Haus, die Kinder gehen zur Schule.
Wir haben uns gut eingelebt."

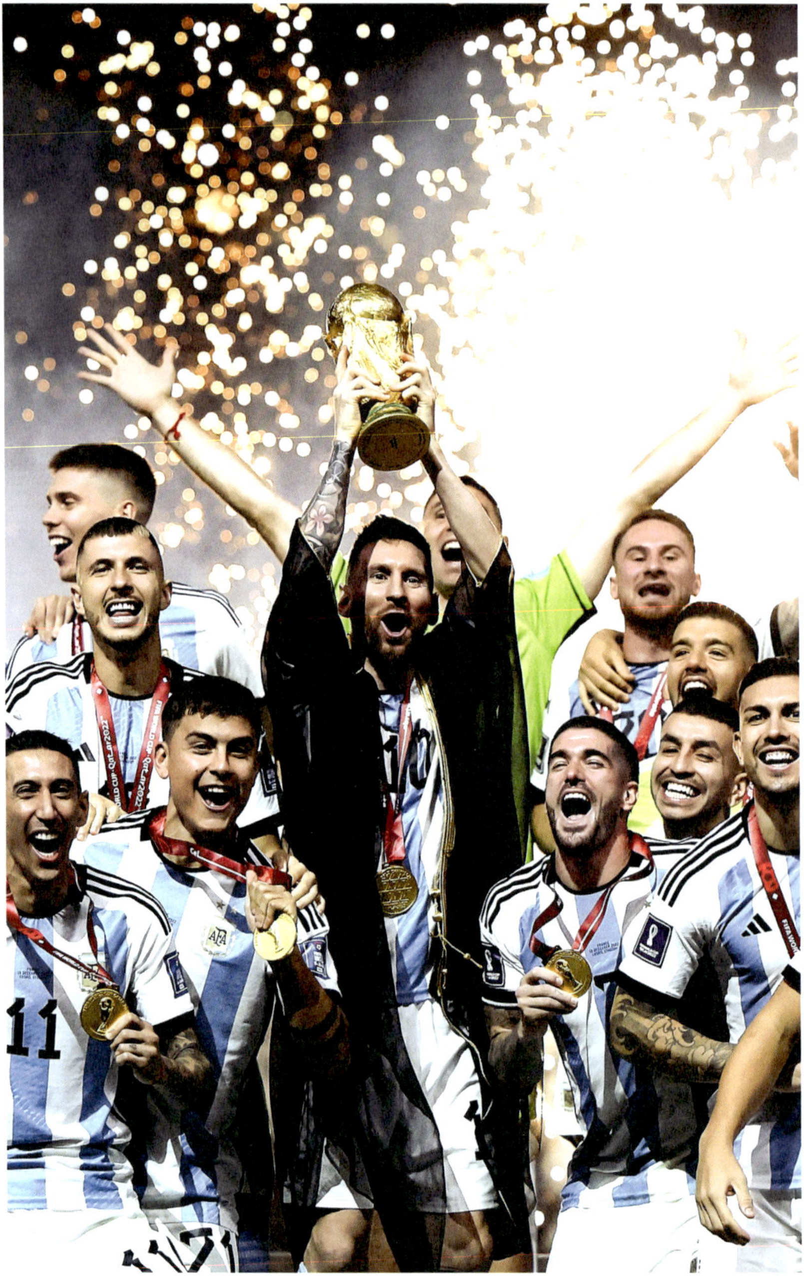

18. Dezember 2022: Messi und sein Team feiern den Sieg im Stadion in Katar.

15

Die WM 2022 in Katar

Die Fußballweltmeisterschaft in Katar beginnt am 20. November 2022. Argentinien startet schlecht mit einer 1:2-Niederlage gegen Saudi-Arabien. Aber die Mannschaft erholt sich schnell. Argentinien gewinnt alle Spiele leicht, bis sie gegen die Niederlande antreten müssen.

Kurz vor diesem Spiel tauchen in den Medien Geschichten über das schlechte Verhältnis zwischen Oranje-Trainer Van Gaal und einigen argentinischen Fußballern auf. Als Vereinstrainer hatte Van Gaal zum Beispiel Streit mit Angel di Maria und Riquelme. Auch wegen dieser Geschichten ist die Spannung vor dem Spiel groß. Messi spielt wieder einmal eine wichtige Rolle im Spiel gegen die Niederlande. Dank seiner Flanke durch die Beine des Verteidigers Aké erzielt Molina das 1:0 und in der zweiten Halbzeit erzielt Messi das 2:0 durch einen Elfmeter. Nach diesem Tor macht Messi eine Geste in Richtung Van Gaal. Er hält sich die Hände hinter die Ohren, wie es Riquelme immer nach einem Tor tat. Messi macht diese Geste, weil er findet, dass Van Gaal Riquelme schlecht behandelt hat. Kurz vor Ende des Spiels kann die niederländische Mannschaft doch noch zum 2:2 ausgleichen.

Messi ist sauer auf den Schiedsrichter.
Denn seiner Meinung nach war die Nachspielzeit längst vorbei. Der Schiri hätte früher abpfeifen müssen. Dann wären diese Tore nicht gefallen.
Aber jetzt geht das Spiel in die Verlängerung. Dort fallen keine Tore. Es kommt zum Elfmeterschießen.

Dabei wird Messi richtig wütend, denn der Niederländer Wout Weghorst versucht, die Argentinier zu verwirren. Er macht das, indem er ein bisschen mit den Elfmeterschützen mitläuft und ihnen verrückte Dinge zuruft.
Doch diese Aktion schlägt fehl, denn Argentinien gewinnt das Elfmeterschießen mit Leichtigkeit.

Messi ist verärgert über das unsportliche Verhalten von Weghorst. Und über Van Gaal, der sich seiner Meinung nach nicht für schönen, technischen Fußball interessiert. Bei den Interviews im Stadion wird Messi noch wütender. Plötzlich steht Weghorst neben ihm. Weghorst will mit der berühmten Nummer 10 das Trikot tauschen.
Aber dazu kommt es nicht.
Messi schreit ihn vor den Fernsehkameras auf Spanisch an: „Qué miras bobo? Anda pa'alla bobo!"
Das bedeutet: „Was guckst du so, du Idiot?
Geh weiter, Dummkopf!"

Weghorst geht schnell in die Umkleidekabine.
Danach müssen die Argentinier im Halbfinale gegen Kroatien spielen.
Sie gewinnen 3:0 und auch in diesem Spiel schießt Messi einen Elfmeter und macht eine tolle Torvorlage.
Auf der Tribüne jubeln ihm Tausende Argentinier zu.

Und dann kommt das Finale gegen Frankreich.
Wir wissen, wie dieses spannende Finale ausgeht.
Argentinien gewinnt nach Elfmeterschießen gegen Frankreich.
Endlich ist Messi Weltmeister.

Und jetzt wissen wir auch, was Messi kurz vor dem entscheidenden Elfmeter gegen Frankreich gesagt hat. Er sagte ganz leise: „Puede ser hoy, abu."
Das bedeutet: „Heute könnte es passieren, Oma!"

Übrigens hat Messi während des WM-Finales nicht nur an seine Großmutter gedacht.
Er hat auch an Diego Maradona gedacht.
Auf Instagram schreibt er:
„Ich widme diesen Weltmeistertitel Diego, der uns vom Himmel aus angefeuert hat."

Messis wichtigste Erfolge

1 x Weltmeister, 2022 Argentinien

1 x Copa-América-Sieger, 2021 Argentinien

4 x Spieler des Turniers, Weltmeisterschaft 2022, Copa América 2021, Copa América 2015 und Weltmeisterschaft 2014

Rekordtorschütze des FC Barcelona: 672 Tore

Bester Torschütze aller Zeiten für Argentinien: 98 Tore

2 x Weltfußballer, 2019 und 2009

7 x Gewinner des Goldenen Balls, 2021, 2019, 2015, 2012, 2011, 2010, 2009

3 x Europas Fußballer des Jahres, 2015, 2011, 2009

4-facher Champions-League-Sieger mit dem FC Barcelon, 2015, 2011, 2009, 2006

3 x Gewinner der FIFA Klub-Weltmeisterschaft mit dem FC Barcelona, 2015, 2011, 2009

7-facher Gewinner des Goldenen Schuhs für den besten Torschützen bei einem europäischen Verein, FC Barcelona

6 x Copa América Teilnehmer

5 x Teilnehmer an der Weltmeisterschaft

1 x Teilnehmer an den Olympischen Spielen, 2008

10 x Spanischer Meister, FC Barcelona

1 x französischer Meister, Paris Saint-Germain, 2022

1 x U20-Weltmeister Argentinien, 2005

Noch mehr Bücher über Sport in Einfacher Sprache!

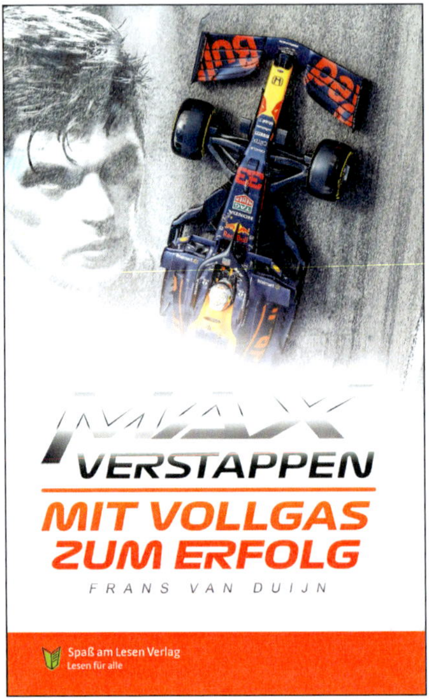

Schon in jungen Jahren wusste Max Verstappen: er will Formel-1-Rennfahrer werden. Im Alter von vier Jahren bekommt er sein erstes Go-Kart. Mit sieben Jahren fährt er sein erstes richtiges Rennen. Max hat Talent. Aber er muss auch hart trainieren.
Es ist anstrengend und manchmal einsam.
Aber Weltmeister zu werden ist sein Traum.
In diesem Buch lesen Sie, wie Max Verstappen seinen Traum wahr werden lässt. Mit vielen Fotos und in Einfacher Sprache geschrieben!

ISBN: 978-3-910531-04-8

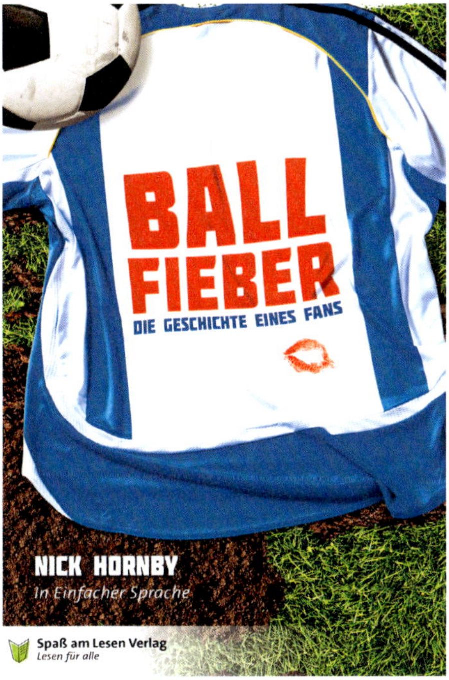

Nick ist verrückt nach Fußball. Mit elf Jahren ging er zum ersten Mal zu einem Fußball-Spiel. Seitdem ist Fußball das Wichtigste in seinem Leben. Wichtiger als Arbeit oder Freunde. Er ist ein großer Fan vom Londoner Club Arsenal. Und obwohl Fußball nicht nur gute Seiten hat wird Nick immer ein großer Fan bleiben. *Ball-Fieber* ist ein erstaunliches Buch über Fußball. Nicht nur für Fußballfans ...

ISBN: 978-3-944668-09-3